KB242937

이 도서는 한국출판문화산업진흥원의 '2019년 출판콘텐츠 창작 지원 사업'의 일환으로
국민체육진흥기금을 지원받아 제작되었습니다.

심·리·잡·학

초판 인쇄 2020년 1월 22일 초판 1쇄
초판 발행 2020년 1월 29일 초판 1쇄

지은이 최정우
발행인 박명환
펴낸곳 비즈토크북

주 소 서울시 마포구 와우산로 3길 15, 2층
전 화 02.334.0940
팩 스 02.334.0941
홈페이지 www.vtbook.co.kr
출판등록 2008년 4월 11일 제 313-2008-69호

편집장 경은하
마케팅 윤병인 (010.2274.0511)
기획도움 이현주, 전범진
디자인 이선화, 김혜진, 양현진
제 작 (주)현문

ISBN 979-11-85702-18-6

심·리
잡·학
비즈

비즈
토크북

　　총 직장 생활 경력 14년 중 약 10여 년을 유통업에서 근무하였다. 같은 유통업 직장에 근무하셨던 존경하는 임원 한 분이 이런 말을 해 주신 적이 있다. "유통은 사람이 하는 거다."

　　공감이 갔다. 고객의 마음을 헤아려 그들이 좋아할 만한 브랜드와 상품들을 진열하는 것, 그 상품들을 판매하는 분들의 마음을 잘 헤아려 줌으로써 판매에 힘을 내게 하는 것, 매장 관리를 함께 담당하는 직장 동료들과 공감대를 형성함으로써 조화롭고 활력 넘치는 근무 환경을 만드는 것, 그 중심에는 사람이 있었고 사람의 마음이 있었다. 그즈음 심리학에 관심이 생겼다. 직장 생활을 하며 상담심리대학원 조직상담 석사 과정을 마쳤다. 회사 업무와 학업을 동시에 진행하는 것은 내게 너무나도 힘든 과정인 동시에 유익한 시간이기도 했다. 그전에는 몰랐던 심리학의 유용함을 뼈저리게 느낄 수 있었기 때문이다.

　　'아, 심리학이란 정말 쓸모가 많구나!'

　　그랬다. 하나의 학문(學文)이기에 무조건 학습하고 배우는 것으로만 알고 있었다. 하지만 심리학을 공부하면 할수록 학문이라기보다는 일상 속에서 매일 사용할 수 있는 마음 기술(技術)이라는 생각이 들었다. 사실 수학(數學)은 일상 속에서 더하기, 빼기

이외에 사용할 일이 거의 없었다. 곱하기, 나누기도 계산기를 활용하면 됐다.

심리학은 달랐다. 복사를 먼저 좀 해야 하는 상황에서, 누군가에게 아쉬운 소리를 해야 하는 상황에서, 상대방을 내 편으로 만들어야 하는 상황에서 심리학은 그 유용함을 드러냈다. 책에서 배운 심리학을 나와 친구에게도 써먹을 수 있었다. 심리학은 나에게 책에서만 존재하는 학문이 아니라 내 앞에서 살아 움직이는 인간관계의 대가(大家)였다.

실제로 사람들의 마음을 파악하고 내 마음을 다스리는 데 심리학 기술을 사용해 보았다. 물론 만족스러웠던 결과를 본 적도, 실망스러운 결과를 얻은 적도 많았다. 하지만 심리학을 적용하여 만족스러운 순간들은 내게 희열을 맛보게 했다. 뭔가 비밀을 활용하여 세상의 어려운 문제를 쉽게 푼 것과 같은 경험이랄까.

그런 심리학의 유용성을 많은 사람에게 알려 주고 싶었다. 누구나 심리학의 여러 법칙과 이론을 참고하여 원하는 것을 좀 더 손쉽게 얻을 수 있도록 도와주고 싶었다. 심리학, 그중에서도 상담 심리와 관련된 글을 써서 다음 카카오 브런치^{Brunch}에 올리기 시작했다. 글을 통해 많은 사람에게 공감과 위로를 주고 싶었기 때문이다. 나중에는 상담 심리뿐만 아니라 사회 심리와 관련된 내용들도 추가하여 폭을 넓혀 나갔다. 그러한 과정에서 내 글을 보고 위로를 받고 유용한 지식을 얻었다는 얘기들을 많은 독자로부터 들었다. 너무 기뻤다. 아직 갈 길이 멀긴 하지만 더 많은 분들이 심리학을 활용하여 원하는 삶을 사는 데 도움이 된다면 좋겠다. 이 좋은 심리학을 나 혼자 공부하고 써먹기는 정말 아깝다는 생각이 든다. 그러한 작은 바람이 이 책을 세상에 나오게 하였다.

> "사람들이 심리학을 통해 자신감을 얻었으면 좋겠다.
>
> 사람들이 심리학을 통해 안정감을 얻었으면 좋겠다.
>
> 사람들이 심리학을 통해 위로를 얻었으면 좋겠다.
>
> 사람들이 심리학을 통해 행복감을 얻었으면 좋겠다.
>
> 사람들이 심리학을 통해 다른 이의 마음을 얻었으면 좋겠다."

사람들이 심리학을 통해 얻어 갔으면 하는 것들이다. 내가 그랬듯 말이다. 내가 느낀 심리학에 대한 고마움을 이젠 당신이 느낄 차례다.

이 책을 내가 사랑하는 심리학자 알프레드 아들러^{Alfred Adler}에게 바친다.

최정우

심·리
잡·학

心理雜學
???
SOS

 차례

 1장 용기의 심리학

[어라? 결국 나도 할 수 있는 거였네]

2장 안정의 심리학
[내 마음이 이렇게 편안해질 줄이야]

3장 치유의 심리학

[내가 내게 주는 마음에 쏙 드는 위로]

4장 행복의 심리학

[행복은 행복해지기로 결심하는 것입니다.]

5장 부탁의 심리학

[네 마음을 내 맘대로]

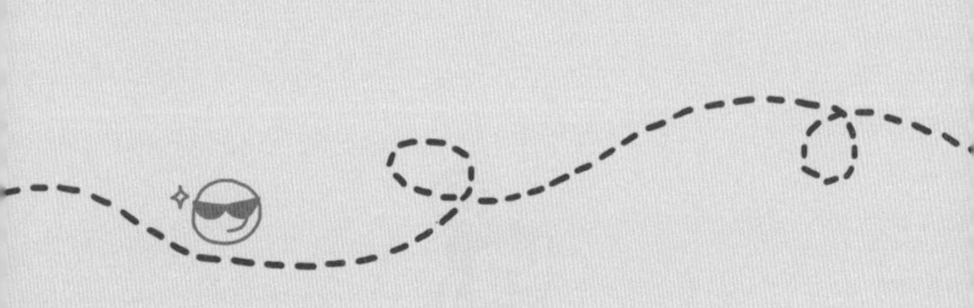

어라?
결국 나도 할 수 있는 거였네

율리시스의 계약
Ulysses contract

불굴의 의지로 목표를 달성하고 싶다면
율리시스가 되어 보세요.

작심삼일(作心三日)이라고 하지요. 하나를 결심하면 그 결심이 3일 간다는 말입니다. 결심을 지키기 어려운 것은 옛 조상님들이나 지금이나 마찬가지였나 봅니다. 이런 사자성어가 있을 정도이니 말이죠. 솜뭉치같이 약해 빠진 작심삼일의 결심을 어떻게 하면 좀 더 단단한 강철처럼 오래가게 만들 수 있을까요? 어떻게 하면 작심삼일을 작심 3개월, 더 나아가 작심 3년으로 만들어 볼 수 있을까요?

영미권 국가에는 율리시스의 계약이라는 말이 있습니다. 율리시스의 계약이란 쉽게 말하면 자신이 자신에게 제약을 가하는 조치를 말합니다. 이때 율리시스는 다름 아닌 트로이 전쟁을 승리로 이끌었던 오디세우스[Odysseus]입니다. 그는 전쟁을 승리로 이끈 후에도 약 10년 동안이나 더 바다를 항해했습니다. 그는 항해 중 신기한 경험을 한 가지 하게 됩니다. 그것은 바로 세이렌^{Seiren}, 영어로는 사이렌^{Siren}이었습니다.

사이렌 하면 무엇이 떠오르나요? 보통 '위잉~~~' 하고 울려 퍼지는 경고음입니다. 경고음만큼이나 우리에게 친숙한 것이 하나 또 있죠. 바로 스타벅스^{Starbuks}의 로고입니다. 그 로고에 등장하는 인물이 바로 사이렌입니다. 사이렌은 본래 이야기 속에서 바다의 마녀로 아름다운 목소리를 사용해 바다 항해자들을 유혹합니다. 매혹적인 노랫소리로 사람들을 유혹하여 정신을 빼앗은 후 배를 난파시키는 고약한 습성을 가지고 있었죠.

이런 사실을 잘 알고 있던 오디세우스는 사이렌 구역을 통과하기 전 공격에 대비해 부하들에게 지시를 내립니다. "이제부터 나를 기둥에 묶어 놓고 저 구역을 통과하기 전까지 절대 풀어 주지 마라. 그리고 항해 중 내가 어떤 지시를 내려도 모두 무시해라."

결국 오디세우스와 선원들은 아무 탈 없이 그 지역을 통과할 수 있었습니다. 이처럼 오디세우스는 현재의 자신이 미래의 자신에게 제재를 가함으로써 자신이 의도했던 바를 무사히 달성합니다. 현재의 내가 미래의 나에게 어찌할 수 없는 가장 강력한 제재를 가한 셈입니다.

저는 주로 운전과 관련하여 율리시스의 계약을 활용합니다. 평소에는 출퇴근을 위해 제 차를 가지고 지하철역과 집 사이를 오갑니다. 집 앞에서 지하철역까지 다니는 마을버스가 있긴 하지만 시간을 맞추기가 불편해서요. 문제는 회식이 있는 날입니다. 회식이 있는 날에 음주 운전을 하면 절대 안 되지만 가끔은 이런 유혹에 빠집니다. '에이, 오늘 회식이 있긴 하지만 술은 조금만 마시고, 지하철역에 도착하면 차를 찾아 집까지 편하게 귀가하자.' 보통 직장인들이라면 공감하실 거라고 믿습니다.

생각이 쉽지 실제로 이것이 가능할까요? 분위기에 취해, 사람들에 취해 술을 마시다 보면 십중팔구 생각했던 양보다 더 많이 마시게 됩니다. 그런 다음 지하철역까지 와서는 다시 고민과 갈등에 빠집니다. '지하철역 주차장에 세워져 있는 차를 몰고 집에 갈까, 아니면 택시나 마을버스를 타고 갈까?' 물론 가장 이성적이고 바람직한 판단은 대중교통을 이용해 집에 가는 것입니다.

이때 어김없이 제 안의 악마가 나타나 말을 겁니다. '그냥 운전해서 집에 가. 그럼 편하잖아. 지금까지 집에 가는 길에 단 한 번도 음주 단속을 한 적 없잖아.' 악마의 유혹에 걸려들어 운전대를 잡을 뻔한 날도 있었지만 절대 그래선 안 되죠. 언젠가부터 회식이 있는 날에는 출근할 때 아예 차를 가져가지 않습니다. 처음부터 택시나 마을버스를 이용해서 지하철역까지 가는 거죠. 그러면 회식 후에 죽었다 깨어나도 운전대를 잡을 일이 없습니다. 음주 운전을 절대로 하지 않기 위해 아침의 내가 저녁의 나에게 내리는 율리시스의 계약인 셈이죠.

율리시스의 계약은 이처럼 '여지'를 남겨 두지 않습니다. 내가 원치 않는, 그리고 내가 후회할지도 모르는 선택의 여지를 남겨 두지 않는 겁니다. 자신이 그 목표를 달성하기 위해 참아야 할 것이 있다면 써먹을 수 있는 매우 효과적인 방법입니다.

우리 일상에서는 어떻게 활용해 볼 수 있을까요? 3일 내로 완독(完讀)하고 싶은 책 한 권이 있다고 가정합시다. 그 3일 동안 저녁 약속이 생길 수도 있고 팀장님이 퇴근 무렵 일을 던지고 도망가 버릴 수도 있겠죠. 퇴근 후 피곤해진 몸을 이끌고 책을 펼치면 3일 동안 한 권은커녕 한 챕터Chapter도 읽기 어려울 것입니다.

그럴 때를 대비해 책을 구입하지 않고 스트리밍Streaming 서비스로 책을 대여해 보는 것입니다. 요즘에는 책 스트리밍 서비스 광고가 많이 보이더군요. 3일이 대여 기간이라고 하면 돈이 아까워서라도 어떻게든 그 책을 기간 내에 보려고 애쓰겠죠. 물론 완독을 못 할 수는 있겠지만 종이책을 샀을 때보다는 더욱 독서에 대한 의지를 불태울 수 있다는 말입니다.

또 다른 예를 들어 볼까요. 앞으로 3시간 동안 공부에만 집중해야 하는 상황입니다. 그래서 당신은 도서관으로 향합니다. 이때 용단을 내리는데, 스마트폰은 집에 두고 가기로 결심합니다. 그러면 공부하는 중간에도 괜히 스마트폰에 신경을 뺏기는 일은 없을 거예요. 중간중간 스마트폰으로 누군가 중요한 연락을 했을 것 같지만 나중에 집에 가서 확인해 보면 대개 광고 문자 몇 개만 와 있을 뿐입니다.

우리가 원하는 저마다의 목표는 다양합니다. 원하는 것들을 이루기 위해서는 대가가 필요합니다. 시간과 노력이 가장 중요하지만 '의지' 역시 중요합니다. 의지가 없는 시간과 노력은 결국 헛도는 자동차 바퀴와 마찬가지입니다. 아무리 가속 페달을 세게 밟아도 그 동력이 바퀴에 전달되지 않으면 그 차는 앞으로 나아갈 수 없습니다. 목표 달성에 대한 강한 의지가 행동으로 전달되도록 해야 합니다.

이를 위한 효과적 방법 중 하나가 스스로에 대한 강력한 제재입니다. 의지는 스스로에 대한 제재로 보완될 수 있고 유지될 수 있습니다. 의지가 약해질 때쯤 스스로에 대한 제약 조건으로 '반강제적 진행'이 가능하기 때문입니다. 다른 것들은 다 괜찮은데 결정적 순간에 의지가 약해지는 단점이 있다고 생각하나요? 이런 분들은 스스로 율리시스가 되어 보시기 바랍니다.

당신은 무엇을 이루고 싶은가요? 당신은 무엇을 위한 율리시스가 되어 보고 싶은가요? 오늘의 당신이 내일의 당신에게 어찌할 수 없는 강력한 제재를 선물해 보세요. 당신의 목표 달성을 응원합니다.

요구특성 효과
Demand characteristics

그 사람을 진정으로 생각한다면
그 요구를 그대로 들어주지 마세요.

회의 시간입니다. 상무님께서 당신에게 질문을 던집니다. "최 과장, 지금 추진 중인 그 프로젝트 성과가 좀 어떤가? 잘 되고 있나?" 당신이 만약 이런 질문을 받은 최 과장이라면 대답은 거의 대부분 정해져 있죠. "네 상무님, 그 프로젝트는 계획대로 잘 진행되고 있습니다. 시장의 반응과 유관 부서의 전망도 매우 호의적입니다." 최 과장의 답변을 들은 상무님은 무척 흐뭇해하십니다. 실은 그 프로젝트가 질문하신 상무님의 제안으로 시작되었기 때문입니다. 상무님이 발의한 프로젝트에 대해 본인이 물어보시는데 어찌 긍정적인 답변이 나오지 않을 수 있을까요? 정상적인(?) 직장인 마인드를 가진 사람이라면 당연히 상사의 기대에 부응하는 답변을 드릴 수밖에 없죠.

당신은 '상무님, 솔직히 말씀드리면 이 프로젝트는 처음부터 잘못되었습니다. 시장의 변화를 제대로 예측하지 못한 것 같습니다. 지금이라도 기획 목표와 자원 투입 방법을 원점에서 재검토해야 합니다.'라고 생각만 합니다. 실제 상황에서 이런 얘기를 할 수 있을까요? 당신의 생각이 맞고 안 맞고를 떠나서 질문자의 의도를 뻔히 알고 있는데 의도와 다르게 답변하는 것 자체가 쉬운 일일까요?

심리학에서는 이를 요구특성 효과로 설명합니다. 상대방이 대놓고 말하지는 않지만 숨겨진 의도를 파악한 후 상대방이 기대하는 대로 말하고 행동해 주는 심리를 말하는데요. 무의식중에 타인의 심리와 자신의 심리를 동조하는 현상이라고 할 수 있습니다. 여러분도 그런 경험이 있지 않나요? 좋아하는 사람 앞에서는 왠지 그 사람이 원하는 대로 해 주고 싶고요. 반대로 내가 싫어하는 사람 앞에서는 나도 모르게 그 사람의 의도와 다르게 삐딱선을 타는 마음 말이죠.

직장인이라면 상사가 기대하는 답변을 즉각 알아채고 그 기대에 걸맞게 대답해야 하는 상황에 처한 경험이 있을 겁니다. 이때는 순발력이 필요합니다. 단순히 기대에 부응하는 답변이 아니라 상사도 공감할 만한 나름의 근거도 순간적으로 만들어 내는 것입니다. '팀장님이 무조건 맞습니다.'가 아니라 '이러이러한 이유 때문에 팀장님이 맞습니다.'라고 대답해 주는 스킬이죠. 당신을 바라보는 팀장님의 눈에는 하트 100만 개가 뿅뿅 박혀 있을 것입니다.

저 역시 마찬가지로 그러한 상황에서는 좋은 쪽으로 대답을 합니다. 괜히 솔직하게만 답변해서 질문자의 심기를 불편하게 할 필요 없잖아요? 더구나 부정적 대답을 다른 사람과 함께 듣는다면 질문자의 심기를 더욱 불편하게 만들 수 있습니다.

질문 내용에 대해서 솔직한 속마음을 말씀드려야 할 필요가 있다고 생각하면 따로 찾아가는 것이 좋은 방법입니다. 둘만 있는 자리에서는 좀 더 진솔하게 말씀드릴 수 있습니다. 그땐 단순히 상사의 기분에 맞추어 얘기하는 것이 아니라 솔직한 관점에서 좋은 점과 안 좋은 점, 추가로 보완해야 할 사항들에 대해서 언급합니다. 그런 경우엔 상사분들이 한층 너그럽게 제 의견을 수용해 주시더군요.

이처럼 상대방의 요구특성 효과에 현명하고 지혜롭게 대처하는 것이 매우 중요한데요. 우리가 살아가는 일상에서는 요구특성 효과의 유혹이 시시각각 나타납니다. 예를 들어 볼까요?

당신이 새로운 부서로 옮긴 지 두 달 정도가 지났습니다. 새로운 팀의 팀장님이 슬쩍 물어보십니다. "그래 최 과장, 새로운 부서에 근무해 보니 어때?" 당신은 팀장님이 어떠한 대답을 듣고 싶어 하는지 직감합니다. 따라서 그 기대에 부응하는 답변을 하죠. "네 팀장님, 새로운 업무에 적응하느라 힘은 들지만 팀 분위기가 너무 좋은 것 같습니다. 좋은 분위기를 조성해 주시는 팀장님께 감사드립니다."

당신은 사랑하는 여자 친구와 함께 뮤지컬 한 편을 보고 나옵니다. "오빠, 이번 뮤지컬 어땠어? 이거 보려고 한 달 전부터 손꼽아 기다렸던 건데. 오빠는 어떻게 봤는지 궁금해." 이번에도 당신은 사랑하는 여자 친구가 어떤 대답을 원하는지 이미 잘 압니다. "응, 나도 굉장히 재미있게 봤어. 자기가 왜 한 달 동안 애타게 기다렸는지 알 것 같아. 또 보고 싶은 뮤지컬 없어? 오빠가 예매할까?"

우리는 알게 모르게 일상 속에서 요구특성 효과에 시시때때로 노출되어 있습니다. 상대방이 암묵적으로 요청하는 바를 정확히 파악하고 그에 걸맞은 말과 행동을 하는 것이죠. 어찌 보면 사회생활을 하는 데에 매우 유용한 기술임에 틀림없습니다. 어쨌든 상대방의 기분을 좋게 해 줄 테니까 말이죠.

하지만 이 효과에 너무 휘말리다 보면 정말 우리가 하고 싶은 말, 진짜로 해야 할 말을 하지 못할 수도 있습니다. 상사가 주도한 업무에 대한 성과를 평가하는 자리에서 좋은 점만 얘기해선 안 되겠죠. 나중에라도 그 성과에 대해 좋은 점, 아쉬운 점, 개선했으면 하는 점들을 솔직히 말씀드려야 합니다. 좋은 점들만 열거해서는 그 상사에게도 당신에게도 그리고 결국 회사에도 득(得)이 될 것이 없기 때문입니다.

운동할 때도 마찬가지입니다. 골프 칠 때가 그렇습니다. 경기 중에 제가 공을 치기 전, 옆에 있던 사람이 "너 오늘 공이 굉장히 멀리 날아가는데?"라고 말을 걸 때가 있습니다. 그 얘기를 들은 저는 순간 저도 모르게 힘이 더 들어갑니다. 더 멀리 치기 위해서죠.

무의식적으로 그 사람의 기대에 부응하기 위한 것입니다. 그 말을 듣고 대부분 결과는 좋지 않았습니다. 힘이 들어간 탓에 원래의 자세가 무너져 오히려 더 짧게 날아갑니다. 주위 사람의 기대에 너무 부응하려다가 제 실력을 발휘하지 못하는 경우입니다.

사랑하는 사람 사이에서도 마찬가지입니다. 상대방을 사랑한다는 이유로 매일 달콤한 말들만 해 준다면 어떻게 될까요? 달달한 초콜릿도 매일 먹으면 질리겠죠. 매운 음식, 짠 음식, 싱거운 음식, 찬 음식, 따뜻한 음식도 돌아가며 먹고 싶다는 솔직한 마음의 고백도 필요합니다. 사랑하는 사이일수록 솔직한 마음과 고백, 그리고 진심 어린 충고가 더 중요한 이유입니다.

비슷한 예로 평소에 이런 질문들도 많이 받습니다. 상점에서 새로운 옷을 고르고 있는 아내로부터 "여보, 나 이 옷 어때?" 피아노 학원을 다니게 한 엄마로부터 "피아노 학원 재밌어?" 크리스마스 선물로 향수를 사 준 남자친구로부터 "향이 자기한테 잘 맞아?" 상사로부터 번개 술자리를 암시하는 "오늘 저녁에 약속 있나?"와 같은 질문 말이죠. 전부 질문자의 의도를 쉽게 파악할 수 있도록 설계된 질문들입니다.

질문의 의도를 알아챈 대답들은 상대방을 행복하게 해 줍니다. 문제는 행복의 지속성입니다. 순간적으로는 좋은 감정과 좋은 분위기가 흐릅니다. 하지만 진짜 마음을 표현하지 못한 당신은 답답함을 느끼게 되죠. 상대방 역시 당신의 말을 곧이곧대로 믿고 다음번에 유사한 상황에서 유사한 판단을 내릴 가능성이 높아집니다.

그러므로 너무 상대방의 기대에 맞추려고 해서는 안 됩니다. 상대방은 영원히 진실을 마주하지 못할 가능성이 커지기 때문입니다.

조선 시대에도 충신(忠臣)과 간신(奸臣)이 있었습니다. 둘 다 '신하'라는 점에서는 같습니다. 그 둘의 가장 큰 차이는 결국 '진정성'입니다. 간신은 자신의 이익을 위해 판단하고 행동하는 반면, 충신의 가장 큰 목적은 '왕'을 진심으로 섬기는 것이었습니다. 왕을 진심으로 섬기기 위해서는 때론 내가 하기 싫은 말도 상대방이 듣기 싫은 말도 해야 합니다. 말하는 자는 용기를 내고 듣는 자는 수용을 통해 진실에 가까이 다가설 수 있습니다. 진실로 다가서면 말하는 자, 듣는 자도 끝에 가서는 좀 더 정확한 판단을 내릴 수 있습니다.

원래 좋은 약은 입에 쓴 법입니다. 쓴소리하기가 부담스러울 수 있죠. 상대방도 그다지 유쾌하지 않을 수 있고요. 하지만 결국에는 당신에게 더 큰 고마움과 신뢰를 느낄 것입니다. 그러므로 무조건 그 사람 비위(脾胃)와 의도에 맞추려 하지 마세요. 이따금 그 사람에게 싫은 소리도 해 보세요. 그 사람을 진정 위한다면 말이죠.

스탠퍼드 감옥 실험

Stanford prison experiment

너무 두려워하지 마세요.
닥치면 결국 다 합니다. 

우리가 자주 듣는 말 중에 이런 말이 있죠. '자리가 사람을 만든다.' 일을 하다 보면 새로운 업무를 수행해야 할 때가 있습니다. 처음 해 보는 익숙하지 않은 일은 실제로 수행하기 전까지는 굉장히 버겁게 느껴집니다. 어려워 보이기도 하고요. 해 보지 않은 일이기에 설렘보다는 두려움이 앞섭니다. 저는 막상 해 보면 '아, 그래도 해 보니까 할 만하네.'라고 생각할 때가 꽤 많았습니다. 그럴 때마다 '자리가 사람을 만든다.'라는 말의 의미를 이해할 수 있었죠.

우리는 새로운 기회를 맞이할 때 두려워하고 주저하는 경우도 많습니다. 새로운 기회가 새로운 불안감을 가져다주기도 하거든요. 특히 처음 접해 보는 일을 두고 막연한 두려움을 갖습니다. 하게 될 거라고 상상도 못 했던 일이라면 더욱 그렇습니다. 하지만 실제로 해 보면 괜찮은 경우가 생각보다 꽤 됩니다. 물론 예상치 못했던 힘겨움도 있었지만 뜻밖의 도움과 즐거움도 반드시 있었습니다. '일단은 부딪쳐 보자'라는 자세가 중요합니다.

누군가 이런 얘기를 하더군요. '위대하게 시작할 순 없지만 시작하지 않으면 영원히 위대해질 수 없다.' 일단은 시작해 봐야 합니다. 먼저 발을 떼고 몸을 부딪쳐 봐야 합니다. 우리는 생각하는 것 이상으로 주어지는 역할을 잘할 수 있습니다.

인간이 주어진 역할에 몰입하는 경향을 보여 준 유명한 심리 실험이 하나 있습니다. 바로 스탠퍼드 감옥 실험입니다. 스탠퍼드 대학의 짐바르도Zimbardo 교수가 '감옥 실험'의 설계자인데, 실험의 내용은 이렇습니다. 스탠퍼드 대학교 지하에 감옥 세트를 만들고 24명의 실험 참가자들을 모집합니다. 이들은 대부분 일반적인 사고력과 판단력을 지닌 평범한 지원자들이었습니다. 동전을 던져서 간수 역할 9명과 죄수 역할 9명을 정하고, 나머지 6명은 실험 참가 대기를 합니다.

실험은 총 2주를 예정으로 시작됩니다. 첫날은 장난도 치면서 자신들이 단순히 '실험 상태'에 있음을 인지합니다. 각기 부여받은 역할을 그다지 진지하게 받아들이지는 않았던 것이죠. 하루가 지나고 이틀이 지나자 그들은 자기 역할에 차츰 몰입하기 시작합니다.

예를 들어 간수 역할을 맡은 사람들은 죄수들을 괴롭히기 위한 온갖 방법을 고안해 내기 시작합니다. 손으로 변기를 청소시키고, 곤봉으로 폭력을 행사하기도 합니다. 급기야는 모멸스러운 언어로 죄수들에게 수치감을 주기도 합니다.

반면 죄수 역할을 맡은 참가자들은 처음엔 이러한 간수들에게 저항하기도 합니다. 하지만 시간이 지날수록 간수 역할을 맡은 사람들에게 굴복하고 복종합니다. 차츰 간수들의 비인간적인 대우에 둔감해지기 시작합니다. 일종의 학습된 무기력인 셈이죠. 별의별 수를 써 봐도 자신들은 간수들에게 대항할 수 없는 죄수의 처지임을 받아들이게 된 것입니다. 정말로 죄수가 되어 가고 있었던 겁니다. 실험 참가자들이 역할에 너무 몰입한 나머지 실험자들조차 그들을 통제하기 어려운 상황에 이릅니다. 결국 당초 2주로 예정되어 있던 실험은 시작 6일 만에 조기 종료됩니다.

저는 이 실험에서 인간의 역할 몰입성에 주목했습니다. 어떠한 평범한 사람도 일단 역할이 주어지면 생각했던 것 이상으로 그 역할에 충실할 수 있다는 사실을 깨달았습니다. 누구나 새로운 기회를 맞이할 때 설렘과 두려움을 동시에 느끼지만 너무 두려워하지 않아도 될 것 같아요. 위의 감옥 실험에서 봤듯이 우리는 생각 이상으로 맡은 역할에 충실해질 수 있는 경향과 잠재성을 지니고 있기 때문입니다.

조금 더 냉정하고 솔직한 얘기를 한번 해 볼게요. 우리가 직장에서 하는 일들 대부분은 다른 사람에 의해 대체 가능한 일이라고 생각합니다. 오늘부터 내 일을 갑자기 하지 않는다고 가정해 봅시다. 그럼 하루 이틀 동안은 주위 동료들이나 상사가 몹시 당황스러워할 것입니다. 업무에 큰 공백이 생길 수도 있겠죠.

하지만 더 시간이 지나면 누군가 당신이 하던 일을 대신 조금씩 시작하며 업무 공백은 점차 메워질 겁니다. 그러다가 시간이 더 흐르면 팀과 회사는 예전처럼 다시 굴러갑니다. 그것이 조직이고 회사입니다. 이러한 생각이 당신을 우울하게 만들 수도 있겠네요. 굳이 이런 말을 꺼내는 이유는 당신에게 우울감과 좌절감을 주기 위해서가 아닙니다. 오히려 그 반대입니다.

'내가 하는 일이 다른 사람에 의해서 대체될 수 있다.'라는 생각은 다음의 두 가지 긍정적 태도 형성을 가능하게 합니다.

첫째, 내가 하는 일이 남에 의해서 대체 가능하듯 남이 하는 일도 나에 의해서 대체 가능하다는 점입니다. 남이 하고 있는 겉으로는 어려워 보이고 해 본 적 없는 일이 있다 해 보죠. 그 사람이 그 일을 해냈던 것처럼 나 역시 그 일을 해낼 수 있다고 믿는 겁니다. 회사에서는 오로지 그만이 할 수 있는 일을 시키지 않습니다. 그도 할 수 있는 일을 시킵니다.

그만이 할 수 있는 일을 시켰는데, 만약 그가 사라지면 어떻게 될까요? 회사가 잘 돌아갈 수 없겠죠. 회사란 그런 곳입니다. 남이 할 수 있는 일은 나도 할 수 있다는 믿음을 가지시기 바랍니다. 꾸준한 노력과 시간의 힘을 믿으세요. 그러면 그가 수행했던 것보다 오히려 당신이 더 잘 해낼 수도 있습니다.

회사 내에서 새로운 기회가 왔다면 용기를 내세요. 다른 사람들은 해 본 적 없는 일이라며 손사래를 칠 때 당신은 손을 번쩍 들어 보세요. 사실은 모두가 할 수 있는 일입니다. 단지 할 수 있다는 믿음을 가지고 있느냐 아니냐는 차이만 있을 뿐입니다. 이러한 자신감으로 직장 생활을 해 보시기 바랍니다. 100%라고 장담할 수는 없지만 상당 부분 실제로 그 일들을 해내는 당신을 발견하게 될 것입니다.

둘째, 나만이 할 수 있는 일을 찾게 된다는 점입니다. 내가 지금 하는 일은 누군가로 언제든 대체될 수 있다고 하면 어떤 생각이 드세요? 불안해지기도 하고 조금은 우울해질 수도 있습니다. 하지만 그런 생각 때문에 오직 나만이 할 수 있는 일을 원하게 되지 않나요? 저는 이런 생각을 했더니 나만이 할 수 있는 일, 내가 보람을 느낄 수 있는 일, 내가 행복할 수 있는 일들을 하고 싶어졌습니다. 그래서 그런 일들을 지금도 찾고 있습니다.

여러분도 자신만이 할 수 있고 행복감을 느낄 수 있는 일을 찾으면 좋겠습니다. 그러기 위해서는 무엇보다 자신에 대해서 잘 알고 있어야 합니다. 나는 무엇을 좋아하는지, 무엇을 할 때 행복감을 느끼는지, 시간 가는 줄 모르고 빠져드는지, 보람을 느끼는지 깊게 생각해 봐야 합니다. 그런 과정을 통해서 자신만이 할 수 있고 자신이 하고 싶어 하는 일을 시작할 수 있는 용기를 얻게 됩니다.

요컨대 당신은 자신이 생각하는 것 이상으로 맡은 역할을 잘 수행해 낼 수 있는 사람입니다. 기회를 두려워하지 말고 잡으세요.

무엇보다 당신만이 할 수 있는 일을 찾으세요. 당신이 진정으로 행복해질 수 있는 일을 찾아 시작해야 합니다. 이 모든 것이 당신에게 자신감과 용기, 그리고 행복을 가져다줄 것입니다.

앨버트 엘리스 Albert Ellis의
합리적 정서 행동 치료
Rational emotive behavior therapy

안 된다고 생각하기 때문에
안 되는 것입니다.

누군가에게 부탁할 일이 있습니다. 그런데 부탁도 하기 전에 이런 생각이 먼저 듭니다. '내 부탁을 거절하면 어떡하지? 지금 저 사람 기분이 안 좋아 보이는데, 부탁하면 거절할 것 같아. 아마 짜증을 낼지도 몰라. 에이, 그냥 부탁을 말자.'

회사에서든 학교에서든 연인 사이에서든 순간적으로 이런

고민에 사로잡힐 때가 있죠. 결국 부탁을 하는 경우도 있고 포기하는 경우도 있는데, 중요한 것은 마음인 것 같습니다. 부탁하기 전에 먹는 마음가짐 말이죠. 왠지 내 부탁을 거절할 것 같은 생각이 들면 이미 위축된 목소리와 표정으로 다가섭니다.

이러한 모습으로 상대에게 부탁을 하면 상대방도 벌써 거절하고 싶은 강렬한 충동을 느끼게 됩니다. 부탁하는 사람이 거절을 예상하고 있는 것처럼 보이니까 부탁을 들어주고 싶어도 어쩐지 거절해야 할 듯한 생각이 듭니다. 상대가 내 부탁을 거절하도록 자초한 셈입니다. 부탁할 때의 마음과 행동이 실제로 결과에도 영향을 미친 것이죠. 반면에 자신 있게 말하는 사람의 부탁은 어쩐지 들어주고 싶어집니다.

물론 많은 거절 경험으로 인해 부탁하기를 망설이는 사람도 있습니다. 실제로 제가 상담했던 한 내담자가 있는데, 건장한 30대 초반의 청년이었습니다. 그는 마음에 드는 이성이 있어도 자신의 마음을 쉽게 고백하지 못했습니다. 예전에도 고백한 후 거절당한 경험이 몇 번 있기 때문입니다. 어쩌다가 정말 큰 용기를 내어 고백해 본다고 해도 이미 고백하는 그의 눈빛과 목소리, 그리고 사소한 행동 하나하나에 거절에 대한 불안이 서려 있습니다. 눈빛은 초조하며 목소리는 떨리고 몸은 잔뜩 움츠려 있습니다. 누가 봐도 거절당해 마땅할 것 같은 모습입니다.

이러한 상황에서는 설령 수락하고 싶어도 거절해야 할 것 같습니다. '안 될 것이다'라는 믿음이 실제로 '안 되는' 결과를 만들어 냅니다. 물론 '안 될 것이다'라는 생각이 전혀 근거가 없는 믿음은 아니겠죠. 과거의 많은 실패가 시도를 주저하게 했을 수 있습니다. 아니면 처음 시도하는 것이다 보니 겁이 나고 떨릴 수도 있고요.

하지만 그러한 믿음이 반드시 옳다고 할 수는 없습니다. 과거는 과거일 뿐입니다. 과거의 성공이 미래의 성공을 보장해 주지 못하듯 과거의 실패가 미래의 실패를 결정하지 못합니다. 과거의 일은 참고로 하되 새로운 마음가짐으로 도전한다면 그만큼 성공 가능성은 높아집니다.

심리학자 앨버트 엘리스는 이러한 긍정적 믿음을 중요시합니다. 그는 합리적 정서 행동 치료를 만든 장본인으로 부정적 생각이 부정적 결과를 만들어 낸다고 믿었습니다. 그 과정을 다음과 같이 설명하는데 일명 ABC 이론이라고도 합니다.

Activating events 촉발 사건 →
Belief 비합리적 신념 →
Consequence 부정적 결과

즉, 어떤 특정 사건이 비합리적인 신념을 만듭니다. 그리고 이러한 비합리적 신념은 이런 것들입니다. '예전에도 이성에게 몇 번 고백했었는데, 그때마다 보기 좋게 차였어. 이번에도 그럴 거야.' '똑같은 시험만 벌써 몇 번째 도전이야. 이번에도 안 될 거야.' '이번이 벌써 몇 번째 이직이야. 이직할 때마다 나는 적응하지 못했

어. 이번에도 얼마 못 가서 퇴사하게 될 거야.'

이러한 부정적인 믿음들은 실제로 부정적 결과를 만들어 낼 가능성을 높입니다. 부정적으로 생각하고 있는 사람에게 긍정적인 결과가 나올 리 있겠어요? 부정적인 믿음을 가질 만한 사건들이 과거에 있었다 할지라도 그 자체가 합리적 믿음이 될 수는 없습니다. 왜냐하면 그건 어디까지나 과거의 일이기 때문이죠. 참고는 하되 과거의 결과를 맹신(盲信)할 필요는 없다는 말입니다. '앞으로도 난 안 될 거야.'라는 비합리적 신념을 '예전에는 안 되었으니까 이젠 될 거야.'라는 합리적이고 긍정적인 신념으로 바꾸어야 합니다.

엘리스는 비합리적 신념을 바꾸는 방법과 순서를 다음과 같이 제안합니다. 일명 ABCDEF 이론입니다.

Activating events 촉발 사건 →

Belief 비합리적 신념 →

Consequence 부정적 결과 →

Dispute 논박하기 →

Effective philosophy 효과적인 철학 →

Feeling and Behavior 새로운 감정과 행동

내가 만약 비합리적 신념을 가지고 있다면 그 신념에 대해서 스스로 논박해 보는 것입니다.

- -

(A) 나는 과거에 이성에게 몇 번 거절당한 경험이 있다.

(B) 나는 항상 퇴짜를 맞는다.

(C) 실제로 이번에도 나는 퇴짜를 맞았다.

(D) 그럼 나는 평생 여자 친구 없이 홀로 지내야 하는 것인가?
그렇지는 않을 것이다.

(E) 나도 나름의 내 매력을 찾아 어필하면
나를 좋아해 주는 이성이 분명히 있을 것이다.

(F) 나도 할 수 있을 것 같은 느낌이 든다.
내 매력을 가꾸고 용기를 내 보자.

- -

혹시 주저하고 있는 말이나 행동이 있나요? 과거에 실패했던 기억 때문에 지금 다시 시작하기가 꺼려지는 일이 있나요? 그러면 그 생각을 이렇게 바꾸어 보세요. '그래 예전에는 잘 안됐지만, 지금은 할 수 있어. 그때는 그때고 지금은 지금이야. 게다가 그때보다는 지금이 훨씬 나아졌어. 지금까지 안 되었으니까 이번에는 될 차례야. 용기를 내어 다시 한번 해 보자.'

새로운 신념으로 더 많은 노력과 정성을 들여 다시 도전한다면 좋은 결과가 생길 가능성은 그만큼 높아집니다. 물론 좋은 결과를 장담할 수는 없습니다. 하지만 '안 될 것이다'라는 부정적 생각만 하면 실제로 안 될 것이라 제가 장담할 수 있습니다. 그것이 제가 말씀드릴 수 있는 최대이며, 당신이 할 수 있는 최선입니다.

된다는 믿음을 가지고 꾸준히 매진하고 끊임없이 도전을 이어

가는 노력 없이 그 누가 성공을 쟁취할 수 있을까요? 된다는 믿음과 된다는 눈빛과 된다는 행동으로 다시 한번 도전하시기 바랍니다. 그러면 신이 '이제야 성공의 법칙을 깨달았군.' 하며 당신에게 축하의 윙크를 날릴지도 모르는 일입니다.

칼 로저스 Carl Rogers 의
인간 중심 치료
Person-centered counseling

당신을 무조건 응원합니다.
당신은 무조건 잘할 수 있습니다.

사실 우리는 생각보다 뛰어난 능력을 지니고 있습니다. 뇌에 관한 속설이긴 하지만 인간은 뇌 전체 기능의 일부만 사용한다고 하죠. 말하는 사람에 따라 다르긴 해도 평생 뇌 기능의 3%, 10%, 20% 등 일부분만 사용한다고 애기합니다.

정확한 비율은 아무도 알 수 없지만 어쨌든 우리도 모르는 능력이 존재한다는 생각은 들어요.

한 조사 결과에 의하면 에스키모인의 평균 시력은 5.0~6.0, 몽골인은 2.0~4.0이라고 합니다. 이뿐만이 아닙니다. 태국의 수린 군도에 사는 모겐족 원주민의 평균 시력은 9.0에 이른다고 합니다. 저는 라식 수술을 해서 시력이 1.0~1.2 정도가 나오는데요. 같은 인간으로서 그들의 시력이 경이롭게 느껴지기까지 합니다.

그들의 시력이 독수리와 같은 수준에 도달할 수 있는 이유는 '먼 거리 보기' 덕분입니다. 자주자주 먼 하늘을 보고 틈나는 대로 수평선, 지평선을 본다고 하네요. 만약 그런 그들이 우리처럼 사무실에 앉아 매일같이 컴퓨터 업무만 했다면 어땠을까요? 퇴근길에 스마트폰으로 영화를 보고 집에 가서도 TV만 시청했다면 과연 그러한 시력을 가질 수 있었을까요? 아마 그들 역시 안경을 쓰거나 렌즈를 끼고 다녔을지도 모를 일입니다.

이처럼 우리 인간은 생각하는 것 이상으로 많은 잠재력을 지니고 있습니다. 우리는 보통 자기가 생각하는 곳까지만 합니다. 거기까지만 할 수 있다고 생각하기 때문이죠. 제 지인 중에 죽을 날을 미리 정해 놓은 분이 계십니다. '나는 85세까지 살겠다.'라고 죽고 싶은 나이를 정해 놓으셨다고 합니다. 그 나이까지는 살아야 하니까 거기에 맞추어 인생 계획을 설계할 수밖에 없다고 하네요. 그 나이까지 건강하게 살아가기 위해 운동도 꾸준히 하시고 은퇴 후 준비도 하십니다. 인생의 각 단계에 맞추어 재무적인 설계를 하는 것은 물론이고요. 각 단계에 맞게 인생을 차곡차곡 준비하고 계시는데요.

그분의 현재 나이가 52세이니 33년이 더 남았군요. 물론 실제로 85세까지 살지 아닐지는 아무도 모릅니다. 분명한 것은 그렇게 명확한 목표가 있으니 그것을 달성하기 위해서 자신의 숨겨진 능력을 최대한 끌어올리기 위해 노력한다는 사실입니다. 안 하던 운동까지 하시고 틈나는 대로 책도 읽으십니다. 자신의 일을 가장 잘 할 수 있도록 목표를 고민하고 방법을 실천합니다. 그분이 평소 노력하시는 모습을 보면 정말 원하는 나이까지 살 수 있을 것 같다는 생각이 들어요.

당신 역시 자신의 숨겨진 능력을 믿어야 합니다. 당신에게도 숨겨진 능력이 있다고 믿는 것이 그 능력을 발휘하는 첫 번째 단계입니다. 숨겨진 능력을 찾기 위해서는 당신이 어떤 분야에서 능력을 펼쳐 보고 싶은지 생각해 봐야 합니다. 당신이 좋아하는 것, 당신이 잘하고 싶은 것에 대해서 깊은 고민을 해 봐야 합니다.

그리고 당신이 좋아하고 잘하고 싶은 분야를 찾은 다음 그 분야에 대한 목표를 세웁니다. 목표는 당신이 지금껏 할 수 있다고 생각했던 수준보다 더 높게 세우세요. 당신은 생각하는 것 이상의 능력을 가지고 있으니까요. 그러한 능력을 스스로 믿고 꾸준히 노력하면 됩니다. 그뿐입니다. 당신이 할 수 있다고 믿는 부분까지 당신의 뇌와 신체는 도움을 줍니다. 딱 그 정도까지만 이룰 수 있다고 생각하면 뇌와 신체는 딱 거기까지만 도움을 줄 것이고요.

당신이 더 큰 꿈과 더 큰 능력을 원하면 당신의 뇌와 신체 역시 그에 걸맞은 협조를 하게 됩니다. 뇌와 신체는 당신의 것이기 때문입니다. 주인인 당신이 생각하고 믿는 정도에 맞춰 따라옵니다. 당신이 안 된다고 생각하면 뇌와 신체도 안 되는 쪽으로 기능하고 당신이 된다고 생각하면 뇌와 신체도 되는 쪽으로 기능합니다.

당신이 이루고자 하는 목표가 명확하고 이룰 수 있다고 믿으면 뇌와 신체도 그에 맞추어 움직입니다. 뇌는 이루어 낼 수 있는 힘을 주고 신체는 움직일 힘을 줍니다. 우리가 몰랐던 힘과 용기를 줍니다.

심리학자 칼 로저스는 인간의 기본적이고 잠재적인 능력을 강조하고 있습니다. 그는 긍정적인 인간관에 기초한 인본주의적 심리 치료를 만들어 낸 장본인인데요. 인간의 능력을 신뢰하고 용기와 자신감을 주는 인간 중심 심리 치료를 해 왔습니다. 그는 치료자가 내담자를 인위적으로 조정하여 변화시키는 것보다는 내담자에게 충분히 수용적이고 공감적인 분위기를 제공하는 것이 더욱 중요하다고 말합니다. 즉, 억지로 무엇인가를 제시하고 따라오도록 요구하기보다는 내담자의 말을 충분히 들어주고 그 감정을 이해해 줌으로써 고민하는 사람이 스스로 해법을 찾아가도록 도움을 준다는 의미입니다.

누군가에게 해법을 듣기 위해 이리저리 바쁘게 뛰어다니지 마세요. 다른 사람은 당신의 말을 들어줄 수는 있어도 직접적인 답을 제공해 줄 수는 없습니다. 당신의 답은 결국 당신 스스로 찾아야 하기 때문입니다.

우선 당신의 말에 귀 기울여 줄 수 있는 사람을 만나세요. 당신에게 화려한 지식과 경험을 뽐내며 이래라저래라 하고 지시적 대화를 하는 사람은 피하세요. 가만히 앉아 당신의 이야기를 들어주고 당신의 감정에 공감해 줄 수 있는 사람을 만나세요. 그 사람에게 당신의 고민과 감정을 늘어놓다 보면 스스로 해결 방법을 찾는 자신을 발견하게 될 것입니다.

당신이 찾는 답은 결국 당신 안에 있어요. 그리고 당신은 생각하는 것 이상으로 그 고민을 해결할 수 있는 능력을 가지고 있습니다. 지금까지는 그런 능력이 없다고 생각했기 때문에 그만큼 능력을 발휘하지 못했을 뿐입니다.

역할을 바꾸어도 마찬가지입니다. 혹시 당신 주위의 누군가가 자기 고민을 털어놓는다면 잠자코 들어주세요. 고민을 듣고 뭐라도 해결책을 줘야 하는 것은 아닌지 너무 부담을 가질 필요 없습니다. 그냥 경청하고 그 사람의 감정을 공감해 주세요. 그에게 필요한 건 어쩌면 명확한 답이 아니라 스스로 답을 찾아가는 과정에서 함께 옆에 있어 줄 누군가일 것입니다. 그저 옆에서 그에게 용기와 격려를 보내 주면 됩니다. 현실적인 조언이나 해결책을 제공해야겠다는 부담감은 조금 내려놓으세요.

6

사회적 촉진 효과
Social facilitation

혼자보다는 함께 할 때 더 잘 돼요. 

　　커피 전문점에 가 보면 노트북을 켜고 일을 하거나 책을 들여다보며 열심히 공부하는 사람들을 심심치 않게 볼 수 있습니다. 사실 저도 마찬가지입니다. 지금 이 글을 쓰고 있는 곳도 이른 아침의 카페입니다. 예전에는 카페에서 일을 하거나 공부하고 있는 사람들을 보며 약간 의아하게 생각했습니다. '조용한 집에서 하지, 왜 굳이 이렇게 시끄러운 곳에까지 와서?' '조용한 곳에서 혼자 하면 좀 더 집중이 잘 되지 않을까?'

　　하지만 어느 순간부터 저도 카페를 즐겨 찾기 시작했습니다. 카페에서는 오히려 집중이 잘 되는 것 같거든요. 대화를 나누고 있는 사람들, 책을 읽고 있는 사람들, 잠시 생각에 골똘히 빠져 있는 사람들, 스마트폰을 바라보고 있는 사람들, 누군가를 기다리고 있는 것 같은 사람들. 모두 다 저마다의 시간을 즐기고 있습니다.

사람들 사이에서 제 할 일을 하고 있으면 우선 집중이 잘 됩니다. 집에서 혼자 한다면 쉽게 게을러졌을 텐데 말이죠. 집에서는 잠드는 4단계 프로세스가 있죠. 좀 피곤해지면 잠시 눈을 감고, 잠시 눈을 감으면 엎드리고, 엎드리면 눕게 되고, 눕게 되면 잠이 들죠. 그렇다고 누가 뭐라는 사람도 없어요. 어차피 우리 집이고 혼자 있는 공간이니 내 마음대로 할 수 있는 선택의 범위도 그만큼 넓어집니다. 선택의 범위가 넓어지니까 게을러지기도 쉽죠.

커피 전문점에서는 잠시 엎드려 잘 수는 있어도 드러누워 잘 수는 없습니다. 그만큼 내가 선택할 수 있는 폭이 좁습니다. 게다가 무언가에 몰두하고 있는 사람들의 모습을 보면 나 역시 긴장감을 늦출 수 없습니다. 잠깐 딴청을 피우다가도 무엇인가에 열중해 있는 사람들을 보면 나도 정신이 바짝 들기 마련이죠. 나와 아무 관련 없는 사람이지만 묘한 경쟁의식도 느낍니다. 이처럼 우리는 혼자서 집중할 때보다는 다른 사람들과 함께 과제에 매달릴 때 더 집중이 잘 되는 것 같아요.

심리학에서는 다른 사람들과 함께 있을 때 자신의 과제에 더 잘 몰입하고 실제로도 더 좋은 결과를 내는 현상을 사회적 촉진 효과라고 말합니다. 사회 심리학자인 노먼 트리플렛^{Norman Triplett}**은 이와 관련된 연구를 처음 시작한 분입니다.** 사이클 선수들을 대상으로 연구를 진행했는데, 선수들이 혼자서 연습할 때보다 다른 선수들과 함께 어울려 연습할 때 더 좋은 기록을 낸다는 사실을 발견했습니다. 다른 사람들의 존재만으로 자신을 더 경쟁적으로 만들기 때문이라는 것이죠.

그는 단지 사이클뿐만 아니라 다른 분야에서도 이러한 사회적 촉진 효과가 작용할 수 있음을 밝혀냅니다. 우리가 남들과 어울려 공부하고 남들과 어울려 일하기 좋아하는 이유는 아마도 '경쟁적'이 되어 더 좋은 성과를 내려는 우리의 무의식이 작동한 이유가 아닌가 합니다. 같은 시험을 준비하는 스터디 모임이 대표적인 경우겠죠.

여기서 한 가지 주의해야 할 점이 있습니다. 이러한 사회적 촉진 효과는 어디까지나 '쉬운 과제'여야 한다는 것입니다. 저를 예로 들어 볼게요. 저는 컴퓨터 자판을 그리 능숙하게 치는 수준은 아닙니다. 23년간 일명 독수리 타법이었죠. 그동안 컴퓨터 자판을 외우지 못해 자판을 보고 쳤습니다. 하지만 2년 전에 부서 이동을 하고 보고서 만들 일이 많아졌습니다. 독수리 타법을 계속 썼더니 불편하고 나 자신이 너무 답답했습니다. 그래서 자판을 안 보고 치는 것을 연습하기로 결심했습니다.

한컴 타자연습을 이용해 약 한 달 동안 정말 피나는 연습을 거듭했습니다. 그 덕분에 결국 자판을 완벽하게 익혔습니다. 이 글도 자판을 외워서 안 보고 치고 있어요. 23년의 습관을 한 달 만에 고친 제 자신이 신기할 따름입니다. 지금도 혼자서 자판을 치며 제

타자 실력에 꽤 만족스럽습니다.

문제는 누군가 지켜볼 때입니다. 예를 들어 회의 시간에 회의록을 작성할 때 컴퓨터 화면을 함께 보면서 아이디어를 옮겨 적으려 하면 손가락이 도무지 말을 듣지 않습니다. 누군가 타이핑하는 내 모습을 지켜보고 있다는 생각 때문에 자꾸 오타도 나고 속도가 나질 않아요. 아직도 타이핑이 능숙하지 않다는 얘기입니다.

이렇게 누군가 지켜보고 있는 상황에서 자신에게 난이도 있는 일을 수행해야 한다면 오히려 역효과가 날 수도 있습니다. 즉, 사회적 촉진 효과는 내가 하기 쉬운 일을 할 때 활용해야 합니다. 함께 공부를 한다든지 책을 본다든지 하는 무난한 활동에는 좋지만, 어려운 수학 문제를 풀어야 한다든지 사장님께 드릴 보고서를 작성한다든지 하는 다소 힘겨운 과제를 수행해야 할 때는 혼자 하는 편이 낫습니다. 사회적 촉진 효과의 혜택을 누리기 위해선 이처럼 자신이 능숙하고 쉽게 할 수 있는 일들 위주로 해 보시면 됩니다.

이러한 사회적 촉진 효과와 더불어 추가적으로 알아 두면 좋을 개념이 있습니다. 바로 감시 가설Monitoring hypothesis인데요. 행위자가 관찰자와 이미 잘 알고 있는 사이이거나 상황 자체가 익숙할 때는 사회적 촉진 효과가 일어나지 않는다고 말합니다.

잘 알고 있는 친구들과 어울려 스터디를 한다고 가정해 봅시다. 친구들은 내 능력, 열정, 공부 스타일에 대해 이미 꿰뚫고 있습니다. 긴장감을 낮추어 추가적인 잠재력을 위한 동기(動機) 유발이 저하될 수 있는 환경이죠. 반면에 생전 처음 보는 사람들과 스터디를 할 때는 다릅니다. 내가 낯선 사람들이라는 생각 때문에 현재 행동과 성과에 최선을 다합니다. 지금 보이는 행동과 성과로 그 사람이 나를 판단할 것이라는 예상에서 더 긴장하고 더욱 노력하게 됩니다.

따라서 커피 전문점이나 도서관에 공부하러 갈 때 너무 친한 사람과는 가지 않는 것이 좋겠습니다. 저는 잘 모르는 사람과의 스터디를 추천해 드립니다. 목표가 같기 때문에 함께 집중할 수 있습니다. 목표 달성을 위해 도움이 되는 여러 정보 교류도 가능하고요. 하지만 인간관계 측면에서는 그다지 친한 사람들이 아닙니다. 서로 잘 모르는 만큼 적당한 거리를 유지하며 적당히 경쟁심도 느끼면서 자신의 잠재력 발휘에 최선을 다할 수 있습니다.

가만히 생각해 보면 지하철은 이 조건에 잘 맞습니다. 사람들도 있고 적당한 소음도 있고 좌석도 있죠. 제 경우에도 지하철에 앉아서 책을 읽으면 의외로 집중이 잘 되는 것 같습니다. 제 지인 한 분은 무엇인가 공부하고 고심해야 할 때는 주로 지하철 2호선을 타신다고 합니다. 탑승하면 2호선 전체 노선을 두 바퀴 정도 도는데 집중도 잘 되고 자신이 떠올리고자 했던 좋은 아이디어들을 많이 가져갈 수 있었다고 합니다. 모르는 사람들과 함께하는 '지하철 2호선 두 바퀴'이지만 혼자 있을 때보다는 긴장을 늦추지 않고 더 깊이 집중할 수 있습니다.

‘백색 소음^{White noise}’이라는 말 들어 보셨나요? 소음은 소음인데 우리에게 도움이 되는 소음을 말합니다. 요즘에는 이런 백색 소음을 일부러 찾아 듣기도 합니다. 유튜브^{YouTube}에 ‘백색 소음’이라고 입력해 보면 참으로 다양한 소리들이 나옵니다. 장작불 때는 소리, 귀뚜라미 우는 소리, 빗소리, 파도 소리 등 소음이라고 하기에는 너무 아름답고 귀가 향하는 소리들이 집중할 때 도움을 줍니다.

지하철에서도 이런 백색 소음들을 만날 수 있습니다. 사람들이 웃고 떠드는 소리, 전동차 문이 열렸다 닫히는 소리, 안내 방송 등 많은 소리들이 존재합니다.

사회적 촉진 효과 역시 주위에 사람들이 너무 많고 소음이 지나치면 자신의 일에 집중하기가 어렵겠죠. 적당히 많은 사람과 적절한 소음이 있는 환경 속이라야 자신의 일에 효과적으로 집중할 수 있을 것입니다.

무엇인가 집중해 보고 싶다면 적당히 많은 사람과 듣기 좋은 소음들이 있는 곳으로 나가 보세요. 가능하면 절친한 친구보다는 같은 목표를 가지고 있는 난생처음 보는 스터디 동료들도 한 번 구해 보시기 바랍니다. 그것이 당신이 원하는 목표를 달성하는 데 더 효과적인 방법이 되리라 확신합니다.

폭스 박사 효과

Dr. fox effect

멋진 발표자가 되고 싶으세요?
그럼 멋진 발표자인 '척'하세요.

　　회사나 학교에서 사람들 앞에 서서 발표해야 할 때가 종종 있습니다. 발표라는 자체에 대해 사람들은 대부분 긴장부터 하죠. '난 발표가 너무 편하고 좋아!'라고 하는 사람은 별로 본 적이 없습니다. 대신 걱정은 많이 합니다. '그걸 내가 어떻게 발표하지? 나도 잘 모르는 주제인데.' 발표 전부터 발표할 주제, 내용, 진행 방법, 청중 규모 등에 대해서 걱정하기 시작합니다. 가장 흔한 걱정거리는 발표할 내용 자체인 듯해요.

　　하지만 발표 내용 만큼이나 중요한 것은 그 내용을 전달하는 형식입니다. 아무리 맛있는 음식도 그에 어울리는 예쁜 그릇에 담겨 나와야 더 맛깔스럽게 느껴집니다. 마찬가지로 발표 내용 못지않게 중요한 발표 형식에는 발표자의 표정, 억양, 자신감, 말투, 경력, 복장과 발표장의 분위기 등 매우 다양한 요소가 있습니다. 만약 제게 발표 내용과 형식, 이 두 가지 중 어느 쪽에 더 신경을 쓸지 하나를 택하라면 저는 발표 형식을 고르겠습니다.

값비싼 최상급의 스테이크가 그저 비닐봉지에 담겨 있다면 저는 별로 먹고 싶지 않거든요. 평범한 음식도 근사하게 플레이팅Plating 되어 있으면 눈이 가고 손이 가고 입이 갑니다. 발표도 마찬가지입니다. 발표 내용 자체가 아무리 뛰어나도 그것을 효과적으로 전달할 수 없다면 발표에 눈길이 가질 않습니다. 같은 내용도 발표자의 표정, 억양, 목소리 크기, 제스처, 태도, 외모 등에 의해 다르게 전달될 수밖에 없습니다. 발표를 앞둔 당신이 발표를 성공적으로 마치기 위해서 짧은 시간에 최대한의 성과를 이끌어 내는 방법은 무엇일까요?

발표 내용은 청중에게 쉽고 간결하고 재미있게 전달되어야 합니다. 개인의 실제 경험과 사례들을 중간중간에 섞어 주는 것도 필요합니다. 발표자가 말하는 자신의 이야기는 이 세상에서 오로지 그만이 할 수 있는 이야기이기 때문입니다. 누군가가 겪은 실제 경험이라고 하면 우린 무의식적으로 귀를 기울이기 시작하거든요. 사람들은 이야기를 좋아하는 경향이 있으니까요.

스토리텔링Storytelling이란 것도 이야기를 좋아하는 사람들의 심리를 활용한 마케팅 기법이라 할 수 있습니다. 그냥 상품을 파는 것이 아니라 그 상품에 담겨 있는 '이야기'를 파는 것이죠. 발표 내용과 연관된 유용한 나만의 이야기를 준비하면 효과적입니다. 어느 정도 발표 내용 준비가 끝났다고 생각하면 당연히 실전 연습을 해 봐야겠죠.

이제 제가 가장 중요하다고 생각하는 부분, 즉 형식에 관한 이야기를 해 보겠습니다. 여유가 된다면 지금 바로 근사한 정장 한 벌을 구입하세요. 비싼 명품일 필요는 없습니다. 자신에게 멋스럽게 잘 어울릴 만한 수준이면 됩니다. 꼭 구입하지 않더라도 어쨌든 발표 때는 빌려서라도 근사한 정장을 입고 등장하는 것입니다. 수려하고 깔끔한 정장 차림은 스스로에게 자신감을 선물해 줍니다. 나도 모르게 자신감이 넘칩니다. 정장과 자신감이 무슨 관계인지 이해가 잘 안 가나요?

살아가면서 우리는 알게 모르게 권위의 지배를 받습니다. 병원에서 의사와 단둘이 앉아 있는 상황을 가정해 봅시다. 진단 결과에 대해 이야기해 주는 의사의 말을 환자는 경청하지 않을 수 없습니다. 만약 그 의사가 흰 가운이 아니라 추리닝 바람으로 병원 복도에서 진단 결과에 대해 얘기해 준다면 어떨까요?

내 차 보닛을 열고 손전등을 비추며 안쪽 깊숙이 들여다보는 차량 정비사가 차 상태에 대해서 설명해 줍니다. 그때 듣는 한마디는 차에 대한 내 마음을 움직이게 합니다. 자동차 타이어를 바꾸어야 한다고 말하면 당장 바꿔야 할 것 같습니다. 만약 기름때가 묻은 작업복이 아니라 정장을 입은 채로 정비해 주었다면 어떤 느낌이 들까요?

우리는 복장이 주는 일종의 '권위'에 대해 자기도 모르게 내 마음을 주고 있습니다. 흰 가운을 입고 있는 의사의 말을 듣고, 기름때가 묻은 작업복 차림의 정비사 설명을 들으며 무의식적으로 그들의 전문성을 인정하게 됩니다. 중요한 발표를 앞두었다면 역시 발표자로서의 권위를 갖춰야 합니다. 발표자로서의 권위만 가질 수 있다면 성공적 발표의 '반'은 이미 확보한 셈입니다. 특별할 것 없는 일반적인 내용이라도 청중은 감탄할 수 있습니다.

정장을 갖춰 입은 발표자를 바라보며 청중은 '무엇인가 전문적일 것이다'라는 기대감을 갖습니다. 사소해 보이는 경력도 모두 끌어모아 발표 시작 전에 소개합니다. 경력의 내용 그 자체보다도 경력을 이야기한다는 사실 자체가 청중에게 신뢰감을 더할 수 있기 때문입니다. 물론 실제 능력과 내용도 중요하지만 어떻게 더욱 능력 있어 보이도록 하느냐, 그 내용을 어떻게 전달하느냐가 더 중요합니다. 즉, '실제적인 능력'에 뒤지지 않을 정도로 그것을 '어떻게 전달하느냐'도 매우 중요한 요소인 것이죠.

1970년대 초반 아인슈타인 의과 대학의 마이런 폭스^{Myron L. Fox} 박사는 멋진 강연 하나를 해냅니다. 강의 주제는 '의사 교육에 적용한 수학적 게임 이론^{Mathematical game theory as applied to physician education}'이었습니다. 주제만 들어도 어려워 보이죠? 당시 청중들은 주로 심리학자, 정신과 의사, 사회 복지사 등 각 분야에서 경험이 많고 지적 수준이 높은 사람들이었습니다. 한마디로 엘리트 그룹이었던 거죠.

　　폭스 박사는 강의 내내 자신감 있는 태도를 유지했습니다. 한 눈에 봐도 전문가로 느껴질 만큼 단정하고 깔끔한 외모였습니다. 중간중간에 자신의 이야기와 농담을 섞어 넣기도 했습니다. 어렵게 느껴지는 주제를 처음 접해 보는 청중을 위해 쉽고 간결하게 풀어냈습니다. 청중의 반응은 대단히 호의적이었습니다. 대부분 발표 내용이 매우 유익하고 즐거웠다고 평가했습니다. 심지어는 그의 논문을 더 찾아 읽어 보겠다는 사람도 생겨났습니다.

　　하지만 반전이 있었습니다. 이 세상에 그의 논문은 실제로는 존재하지 않았기 때문입니다. 폭스 박사는 현실에 존재하지 않는 사람이었습니다. 사실 그는 연기자였고, 실제 박사인 것처럼 청중들 앞에서 근사한 옷을 입고 자신감 있는 말투로 '멋진 발표를 연기'했던 것이죠. 말 그대로 연기였습니다.

　　발표 내용 역시 허구였습니다. 여러 논문들의 내용을 짜깁기한 것에 불과했습니다. 원래 이것은 발표가 아니라 심리 관련 실험이었습니다. 이 실험을 주도했던 사람은 도널드 나프툴린Donald Naftulin 이라는 의학 박사였는데요. '발표에 대한 평가는 발표자의 표정, 태도, 자신감에 의해서 크게 좌우된다.'라는 가설을 증명하는 것이 실험의 목적이었습니다.

　　발표를 앞두고 있나요? 그것이 당신을 많이 불안하게 하나요? 너무 겁먹지 마세요. 결국 발표가 좋았다, 안 좋았다고 판단하는 주체는 청중들입니다. 그들에게 단정하면서도 권위를 느끼게 해 주는 옷차림과 자신감 있는 태도로 다가가세요. 당신의 경험과 유머를 섞는 것도 기억하시고요.

당신은 프레디 머큐리Freddie Mercury(그룹 퀸의 보컬리스트)가 멋지게 부르는 학교종이 땡땡땡이 듣고 싶은가요? 아니면 노래방의 옆방에서 흘러나오는 일반인이 열창하는 보헤미안 랩소디Bohemian Rhapsody가 듣고 싶은가요? 저는 프레디 머큐리가 부르는 학교종이 땡땡땡을 더 듣고 싶어요. 저한테는 어떤 노래를 부르느냐도 중요하지만 프레디 머큐리가 부른다는 것이 더 중요하거든요.

때론 내용 그 자체보다도 그것을 누가 어떻게 전달하느냐에 따라 선호도와 결과가 달라질 수 있습니다.

호손 효과
Hawthorne effect

사람들이 지켜본다.
나도 모르게 더 잘하려고 애쓴다. 

혹시 학부모 참관 수업에 가 보신 적 있나요? 아니면 부모님이 수업받는 내 모습을 보러 오신 적이 있나요? 학부모 참관 수업은 학부모들을 초청하여 아이들과 함께 진행하는 공개 수업을 말합니다.

저는 아들이 초등학교 1학년 때 학부모로서 아이의 수업에 가 본 적이 있습니다. 학생들은 선생님의 질문에 너도나도 손을 번쩍 들기에 여념이 없더군요. 대답 한 번 하려고 정말 다들 열심히 손을 들었습니다. 그리고 이런 생각을 했습니다. '애들이 평소에도 이렇게 열성적으로 손을 들까? 평상시에도 이렇게 적극적인 모습으로 수업에 참여하고 있을까?' 그러면서 제 초등학교 시절의 학부모 참관 수업을 떠올려 보았습니다. 정확히 기억은 나지 않지만 그때 저 역시 어머니가 지켜보는 가운데 열심히 손을 들었던 것 같아요. 저도 적극적으로 수업에 참여하려고 노력했던 거죠. 그런데 재미있는 것은 평상시에는 전혀 안 그랬다는 사실입니다.

누군가가 나를 지켜보고 있다는 생각이 들면 평소와 달리 나도 모르게 지금 하는 일에 더 열심히 매달리게 되는 것 같습니다. 중학교 때도 그랬어요. 친구들과 농구 시합을 할 때 여학생들이 지켜보면 훨씬 더 기를 쓰고 뛰었던 기억이 납니다. 멋지게 드리블도 하고 폼 나게 슛도 쏘고 싶었죠. **심리학에서는 이를 호손 효과로 설명합니다. 쉽게 말해 남이 나를 지켜보고 있다는 생각이 들 때 평소보다 더 잘하게 되는 효과입니다.**

호손이란 본래 조명을 만드는 미국의 공장 이름인데, 여기서 한 가지 심리 실험이 진행됐습니다. 공장 작업장의 조명 밝기가 근로자들의 생산성에 얼마나 영향을 미치는지를 알아내기 위한 실험이었습니다. 실험 설계자들은 당연히 조명 밝기가 밝을수록 근로 효율성이 높아질 것이라고 예상했습니다. 그런 다음 실제 실험을 진행했습니다.

생각대로 공장의 조명 밝기를 기존보다 밝게 했을 때 생산성이 더욱 향상되었습니다. 그런데 조명 밝기를 다시 조금 낮추었는데도 한 번 향상된 생산성이 계속 유지되었습니다. 그러자 이번에는 원래 상태로 더 어둡게 만들어 보았습니다. 그런데도 생산성이 계속 유지되었습니다. 다음에는 기존 밝기보다도 더 낮추어 봤는데,

신기하게도 높아진 생산성이 변함없이 이어졌습니다.

실험 설계자들은 매우 놀라워했고, 다음과 같은 결론을 내렸습니다. '직원들의 생산성 향상과 관계가 있었던 것은 전구의 밝기가 아니라 타인의 주목이었다.' 즉, 그 공장 직원들은 여러 사람이 자신의 작업을 지켜보고 있다는 생각 때문에 더 의욕적으로 일에 매진했던 것입니다.

앞서 말씀드렸던 학부모 참관 공개 수업도 그렇고, 호손 공장에서 진행된 조명 밝기 연구도 그렇고, 우리는 타인의 주목을 받을 때 평소보다 더 열심히 임하게 되는 것 같아요.

저는 가끔씩 이런 생각을 해 봅니다. 아내나 아이들을 제가 다니는 회사로 불러서 근무하는 모습을 지켜보게 하면 어떨까 하고요. 일단 그 자체가 재미있을 것 같기도 하고 제가 평소보다 더 열심히 일할 수 있을 거라는 생각이 들더군요. 예를 들어서 회의 시간에 무언가 의견을 내야 하는 상황이라고 해 봅시다. 아내가 지켜보고 있다는 생각이 들면 평소보다도 좀 더 전문적이고 창의적인 의견을 내고 싶고, 좀 더 멋있는 모습을 보여 주고 싶을 것 같아요.

당신이 만약 무엇인가를 이루고 싶고 무언가에 집중해야 하는 상황이라면 이러한 호손 효과를 이용해 봐도 좋겠습니다. 저는 지금 담당하고 있는 팀에 신입 사원이 오면 새로운 활력이 샘솟는 느낌입니다. 평소와는 다르게 팀원들을 대할 때 더 부드럽고 상냥하게 행동하는 것 같아요. 팀원들에게 보다 명확하고 합리적인 업무 지침을 주고자 노력하게 되고요. 이런 마음가짐은 신입 사원이 나를 지켜보고 있다는 생각 때문이 아닌가 싶습니다. 이왕이면 신입 사원에게 괜찮은 직장 선배라는 이미지를 심어 주고자 하는 무의식적 바람이 아닐까요?

이러한 타인의 시선을 자신의 작업 능률 향상을 위해 어떻게 활용해 볼 수 있을까요? 축구 선수나 야구 선수들이 연습할 때도 마찬가지입니다. 연습 경기 자체를 공개로 할 때가 있는데, 굳이 공개로 진행하는 이유는 무엇일까요? 아마도 관람객들이 자신을 지켜보고 있다는 사실을 느끼도록 해서 연습 경기에 더욱 최선을 다하도록 만드는 목적일 것입니다. 호손 효과를 활용한 스포츠 분야의 예라고 할 수 있습니다.

언젠가 이런 급훈이 붙어 있는 교실을 본 적이 있습니다. '지켜보고 있다.' 누가 지은 급훈인지는 모르겠지만 재미있고 효과적인 말이라는 생각이 들었습니다. 수업 내내 누군가 지켜보고 있다고 생각하면 아무래도 좀 더 정신을 차릴 수밖에 없겠죠. 누군가가 나를 지켜볼 수 없는 상황이라면 어떻게 해야 할까요? 누군가 '지켜보고 있다'라는 느낌을 스스로 받으면 됩니다. 공부하는 책상 위에 가족의 사진이나 자신이 닮고 싶은 사람의 사진을 세워 두는 것입니다. 자신이 좋아하는 연예인의 사진을 세워 놓아도 지속적인 자극을 받을 수 있겠죠.

회사에서도 호손 효과를 활용해 볼 수 있습니다. 부하 직원이 유관 부서에 무엇인가 요청하는 메일을 썼다고 합시다. 그 요청 메일에 당신은 팀장이라서 참조로 포함되어 있습니다. 그 메일을 읽은 당신은 그냥 말 그대로 참조만 하고 있을 수도 있습니다. 하지만 한 번 더 메일을 쓰는 것이죠. 부하 직원의 요청 내용을 다시 한 번 최초 수신인에게 보냅니다. 부하 직원은 이런 생각을 하게 됩니다. '아, 팀장님이 내가 쓴 메일에 한 번 더 메일을 보내 주셨네.' 그러면서 왠지 모르게 자신이 진행하고 있는 업무들에 대해 팀장님이 지켜보고 있다는 의식을 하게 됩니다. 그 후엔 일을 더 꼼꼼히 챙기고 주의를 기울이게 되겠죠.

만약 당신이 회사의 CEO라면 회의실 벽을 투명 유리로 만드는 것도 좋은 방법이 될 수 있습니다. 아무래도 사방이 막힌 회의실보다는 회의실 밖 사람들이 지켜보고 있다는 생각 때문에 회의에서 더욱 최선을 다할 것이기 때문입니다.

요즘에는 CCTV 설치 바람이 불고 있습니다. 제 지인은 아이와 아이 돌보미가 함께 있는 모습을 지켜보기 위해서 CCTV를 설치했다고 합니다. 그런 다음 자기 아이를 더 잘 돌봐 줄 것이라는 기대감에서 CCTV를 설치했다는 사실을 돌보미에게 말해 주었다고 해요. 제가 돌보미라도 아이의 부모가 지켜보고 있는 상황이라면 좀 더 신경 써서 아이를 돌볼 것 같기는 합니다. 물론 대부분의 아이 돌보미분들은 이런 장치가 없더라도 역할에 최선을 다하리라 믿습니다.

호손 효과에 대해 알아 두는 것도 중요하지만 누가 지켜보고 있든 아니든 간에 언제나 최선을 다하는 모습이 가장 이상적입니다. 누군가 지켜보고 있는 상황에서만 최선을 다하는 사람이라면 과연 얼마나 좋은 결과를 얻을 수 있을까요? 타인이 나를 지켜보고 있지 않은 상황에서도 최선을 다하는 자세가 중요합니다. 타인이 지켜보지 않아도 내가 나를 지켜보는 호손 효과가 진정 내게 도움이 되고 효과적이지 않을까 싶습니다. 누가 나를 지켜보든 그렇지 않든 항상 최선의 노력을 기울이는 당신이 가장 멋있습니다.

내 마음이 이렇게
편안해질 줄이야

애빌린 패러독스

Abilene paradox

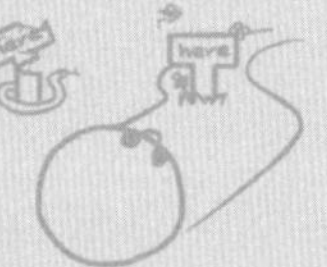

아무도 원치 않는 방향으로는
가지 맙시다.

"혹시 다른 의견 있나요?"

회사나 조직의 회의에서 자주 볼 수 있는 풍경입니다. 이미 상당히 논의가 진행된 상태죠. 지금까지 얘기가 흘러나온 방향대로 결론을 맺으려는 시점입니다. 그런데 이런 상황에서 당신은 문득 좋은 생각이 떠올라 지금 분위기와는 다른 의견을 제시하고 싶습니다. 이러한 상황에서 솔직히 자기 의견을 말하기는 쉽지 않습니다.

게다가 이제껏 아무도 반대하지 않은 만큼 이 방향이 모두가 원하는 것이라고도 생각합니다. 그래서 결국 침묵하고 맙니다. 이런 순간에는 '난 소신도 없는 사람인가 봐.' '난 내 생각을 말할 용기도 없는 사람인가 봐.' 하고 자책하기도 해요. 겁쟁이처럼 보이는 자신에 대한 원망이기도 합니다. 며칠 동안 자괴감에 빠지기도 하죠.

여러분은 이런 경험 혹시 없나요? 만일 있었다고 해도 그런 일로 너무 괴로워하지는 않았으면 좋겠습니다. 누구나 그런 상황에서 자기 의견을 소신 있게 말하기란 힘들기 때문입니다.

애빌린 패러독스라는 이론이 이런 상황과 우리 마음을 잘 설명해 줍니다. 애빌린 패러독스란 하나의 집단에서 실제로는 모두가 원하지 않는 방향이고 자신의 생각과 반대되는 의견이지만 어느새 자신도 모르게 그에 동조하게 되는 현상을 말합니다. 이는 '자신의 생각이 자기가 속한 집단의 생각과는 다를 것이다'라고 가정하는 데서 기인합니다. 이러한 애빌린 패러독스는 주로 수직적이고 강압적인 조직 분위기에서 많이 발생합니다.

그뿐만이 아닙니다. 회사 내에서 누군가 새로운 아이디어를 제시하는 경우를 생각해 봅시다. 실제로 그 아이디어를 환영하는 사람도 있고, 좋지 않은 아이디어라고 생각하는 사람도 있을 겁니다. 그 아이디어 자체에 대해서 아무런 생각도 없는 사람도 있을 것이고요. 그런데 문제가 하나 있습니다. 완전히 반대하지 않으면 그냥 침묵한다는 것입니다. 이렇게 모두 침묵하면 '그 아이디어를 다늘 인정하는구나'라고 생각하게 됩니다. 괜히 나서서 아니라고 해 보았자 내 이미지만 안 좋아지는 것 같죠. 결국 잠자코 침묵합니다.

우리는 자기 생각을 표현하고 싶은 상황에서도 왜 그냥 침묵할까요? 왜 이런 애빌린 패러독스 현상이 발생할까요? 이와 관련해 다음의 몇 가지 이유를 생각해 볼 수 있습니다.

첫 번째, 타인의 시선에 대한 두려움입니다. 앞의 예에서 짐작하신 것처럼 사람들은 기본적으로 조직에서 튀는 행동을 하고 싶어 하지 않습니다. 모두가 '예'를 외치는 상황에서 홀로 '아니오'를 외치는 것은 정말 큰 용기를 필요로 하죠. '모난 돌이 정 맞는다.'라는 마음으로 정을 맞기 싫어서 그저 침묵하게 됩니다. '가만히 있으면 중간은 간다.'라는 달콤한 유혹을 떨쳐 버리기 쉽지 않습니다.

두 번째는 자기 의견에 대한 실패 위험 부담의 회피입니다. 내 뜻대로 조직 전체의 뜻이 결정되었다고 할 때 나중에 그 결과가 좋지 않다면? 그 의견을 주도했던 내 입장이 매우 난처하게 됩니다. 그래서 조직의 의견이 하나로 모이면 마지못해 따라가는 입장을 취합니다. 그렇게 함으로써 혹시 있을지 모르는 책임으로부터 해방감과 안도감을 느낄 수 있습니다.

하지만 우리가 모두 이러한 애빌린 패러독스에 휘말린다면 어떻게 될까요? 어쩌면 실제로는 모두가 원하지 않는 방향으로 말없이 흘러가고 있을지도 모릅니다. 회식 장소라든지 단체로 어떤 영화를 볼 것인지와 같은 사소한 의사 결정에서는 그나마 좀 낫습니다. 그렇지만 회사의 미래나 개인 삶에 중대한 영향을 미칠 수 있는 중요한 의사 결정 상황에서는 애빌린 패러독스에 휩쓸리도록 자신을 내버려 두어서는 안 됩니다.

설령 내 생각이 조직과는 다르다 여겨져도 소신 있게 자신의 의견을 말하는 용기가 중요합니다. 그것이 자신에게도 조직에게도 더 큰 도움이 됩니다. 그저 찬성을 위한 찬성, 회의를 위한 회의는 큰 의미가 없기 때문입니다.

애빌린 패러독스를 피하는 한 가지 방법이 있습니다. 조직 구성원들에게 의견을 물어볼 때 한 번에 물어보지 않기입니다. 모든 팀원이 있는 자리에서 전체 분위기에 반하는 개인적 의견을 소신껏 말하기란 결코 쉽지 않습니다.

이러한 경우에는 솔직한 의견을 낼 수 있는 물리적 환경을 만들어 주는 것도 괜찮습니다. 예를 들어 정말 솔직한 생각을 듣고 싶을 때는 1:1 개인 미팅도 좋은 방법입니다. 다수의 사람들 속에서는 자기 의견을 솔직히 말하기 어려울 때가 많습니다. 직급의 눈치도 봐야 하고 자신이 속해 있는 부서의 눈치도 봐야 합니다. 1:1 상황에서라면 그나마 그러한 환경적 눈치에서 좀 더 자유로워질 수 있습니다.

물론 모든 안건을 1:1 미팅으로 해결할 수는 없을 것입니다. 하지만 정말 중요하고 필요한 안건이라고 생각한다면 그리고 정말 솔직한 의견을 듣고 싶다면 이 방법을 활용해 보길 추천합니다. 어쩌면 다수 속에 있을 때는 절대로 듣지 못했던 새롭고 놀라운 이야기를 독대하며 들을 수도 있습니다.

다수결의 원칙도 사용해 볼 수 있습니다. 신상품 패키지 디자인을 정하는 회의를 예로 들어 보죠. 먼저 팀장님이 포문을 엽니다. "A, B, C 세 가지 안(案) 중에 뭐가 제일 나아?" 다들 서로 눈치만 봅니다. 그러자 김 대리가 얘기하죠. "저는 3개 다 괜찮은 것 같은데요." 여기서 '3개 다'라는 말의 뜻은 다음과 같습니다. '제 눈에 가장 나아 보이는 것은 B안인데, 저는 그렇게 말하진 못해요. 혹시라도 팀장님이 A를 마음에 들어 하시면 어떡해요?' 이럴 때 팀장님께서 친절히 보기를 주시는 거죠. "A가 좋은 사람? B가 좋은 사람? C가 좋은 사람?" 이렇게 하나씩 물어봐 주는 겁니다. 그럼 서로 눈치를 그나마 덜 보고 자기 생각을 표현해 볼 수 있습니다.

요즘은 카톡에 투표 기능이 있습니다. 비밀 투표로도 진행할 수 있고요. 익명성이 보장된다는 얘기입니다. 참 간편하고 편리한 시대입니다. 선호 디자인, 회식 장소, 부서원 기념 선물 등을 정할 때처럼 어차피 정답이 없는 의사 결정에서 가볍게 활용해 보면 좋겠죠. 그러한 과정을 거쳐 진행한 일은 나중에 전체 결과가 기대에 못 미친다 하더라도 겸허히 수용할 수 있습니다. 자신의 뜻을 명확히 표현할 수 있는 단계가 중간에 있었잖아요. 최후 결정이 자기 의사와 달라도 깨끗하고 군말 없이 수용할 수 있는 것이죠.

마지막으로 애빌린 패러독스 탈출을 위한 가장 중요한 요소가 하나 있습니다. 자기 의견을 솔직히 말할 수 있도록 장려하는 조직의 열린 분위기입니다. 실제 회사에서는 직급, 직책, 연차, 인간관계 등에 의해서 소신 발언을 하기가 쉽지 않죠. 그러므로 자유롭게 이야기할 수 있는 조직 문화 제공이 매우 중요합니다. 애빌린 패러독스의 피해를 막는 최선의 예방책입니다.

　　상사나 장(長) 중심의 소통 문화는 구성원들로 하여금 침묵하게 합니다. ‘침묵하면 중간이라도 간다.’라고 생각하는 조직이라면 그 조직은 서서히 침몰해 갈 것입니다. 배 안에 작은 구멍을 보더라도 모두가 ‘별문제 없겠지’라고 생각하는 분위기에서 다들 침묵하면 결국 그 배는 가라앉게 되듯이 말이죠. 구멍이 보이고 바람이 심상치 않고 저 앞에 빙산이 보인다면 망설이지 않고 뭔가 이상하다고 누구라도 외칠 수 있도록 장려하는 분위기를 만들어야 합니다.

　　이러한 분위기 형성을 위해서는 조직의 상급자들부터 노력해야겠죠. 조직의 소수 의견, 다른 의견에 대해서도 귀 기울여 주는 자세가 필요합니다. 이러한 가운데 모두가 의견을 소신껏 얘기하고 주의 깊게 경청할 수 있습니다. 이런 문화는 하루아침에 만들어 낼 수 있는 것이 결코 아닙니다. 오늘 바로 시작해야 합니다.

선택의 역설

Paradox of choice

너무 많은 선택의 여지는
선택을 할 수 없게 만듭니다.

　　컬럼비아 대학교 쉬나 아이엔가[Sheena Iyengar] 교수는 슈퍼마켓에서 한 가지 재미있는 실험을 합니다. 슈퍼마켓 안에 두 가지 진열대를 설치했는데 한 진열대에서는 6가지의 잼을, 다른 진열대에서는 24가지의 잼을 시식할 수 있습니다. 실제 고객들은 과연 어느 진열대에서 더 많은 잼을 샀을까요? 당신은 어디서 잼을 살 것 같은가요?

　　결론부터 말씀드리면 놀랍게도 6가지 진열대에서 더 많은 잼을 구매했습니다. 고객의 발걸음을 멈추게 하는 데에는 24가지 진열대가 보다 효과적이었습니다. 지나가는 사람의 60%가 24가지 진열대 앞에서 멈추었거든요. 반면 지나가는 사람의 30%만이 6가지 진열대 앞에서 멈춰 섰습니다. 하지만 놀라운 반전은 시식 후 실제로 구매한 비율에 있었습니다. 실제 구매로 이어진 비율은 반대였던 것입니다.

24가지 진열대 앞에서 발걸음을 멈춘 사람들의 3%, 6가지 진열대 앞에서 멈춘 사람들의 30%가 실제로 잼을 구매했습니다. 결과적으로 지나가는 사람의 1.8%(60%×3%)가 24가지 진열대에서 잼을 구매했고, 지나가는 사람의 9.0%(30%×30%)가 6가지 진열대 앞에서 구매한 것입니다. 더 적은 선택의 폭이지만 결과적으로는 더 많은 구매를 불러일으킨 것이죠.

심리학에서는 이를 선택의 역설로 설명합니다. 사람들에게 너무 많은 선택권이 주어지면 오히려 판단이 망설여지는 심리적 현상을 말하는데요. 어떤 선택을 하든 결국은 하지 못한 선택 때문에 아쉽고 미련이 남는 것이죠. 그래서 점점 선택을 미루게 되고 마침내 선택 자체를 포기하는 경우까지 생깁니다.

여러분도 혹시 비슷한 경험이 있진 않나요? 고를 수 있는 선택지가 너무 다양하면 스트레스를 야기하고 답답함을 주죠. 무언가 선택한다는 것은 정말 쉬운 일이 아닙니다. 아래는 직장인이라면 흔히 경험하는 점심시간의 상황입니다.

김 대리 : 뭘 먹을까?
박 주임 : 음, 전 아무거나 괜찮아요.
김 대리 : 음…

점심 메뉴는 가장 어렵고 힘든 선택 중 하나입니다. 지금도 있는지 모르겠는데, 오죽하면 호프집의 안주 이름이 '아무거나'인 메뉴가 있었겠습니까? 선택지가 많을수록 왜 결정이 힘들어질까요? 선택지가 많으면 뇌는 그만큼 많이 활동해야 하기 때문입니다. 우리가 가진 경험과 이성적 판단으로 각 선택지의 장점과 단점을 명확히 파악하고 비교하는 것 자체가 상당한 노력을 요합니다. 그래서 때로는 단순한 선택의 폭을 제공하는 서비스를 선호하기도 합니다.

사람들이 엄청 몰리는 맛집에 가 보신 적 있죠? 그곳에 가면 손님들이 몇십 분 심지어는 몇 시간씩 줄을 서고 기다려 먹습니다. 그런데 그런 식당은 대표 음식 한두 개로 메뉴 구성이 끝납니다. 맛집이라고 하기엔 메뉴 개수가 너무 조촐한 거죠. 선택의 폭이 매우 좁아서 차라리 홀가분하게 고를 수 있습니다. 선택할 때 많은 노력을 기울이지 않아도 되니까요. 어차피 한두 가지 중에 하나만 고르면 되기 때문에 택하지 않은 메뉴에 대한 아쉬움도 크게 없습니다. 메뉴가 두 개밖에 없다면 둘이 가서 하나씩 시켜 나눠 먹으면 됩니다.

김밥천국에 가 보았으면 아시겠지만 메뉴판이 따로 없고, 메뉴가 빼곡히 적힌 주문서를 줍니다. 그리고 한쪽 벽면엔 메뉴로 도배(?)를 해 놓았습니다. 수많은 메뉴를 보고 있으면 정말 저 모든 걸 이 조그마한 주방에서 소화할 수 있는지 신기할 정도입니다. 그래서 그런지 메뉴 선택이 쉽지 않습니다.

메뉴 개수를 얼추 30개로 잡아 볼까요? 하나의 메뉴를 시키는 순간 선택되지 못한 다른 29개의 메뉴가 눈에 들어옵니다. 아쉬운 마음에 하나라도 더 시키는 경우가 꽤 많습니다. 무엇을 골라도 고르지 않은 메뉴에 대한 아쉬움은 항상 남습니다. 그래서 김밥천국은 혼자 가면 안 돼요. 최소한 3명 이상은 가서 골고루 시켜 나눠 먹어야 합니다.

가끔씩 우리는 '선택의 여지가 없었어.'라는 말을 하거나 듣습니다. 말 그대로 선택의 폭이 제한적이었다는 뜻이죠. 선택의 여지가 없었기에 당시 그 선택을 별 고민 없이 할 수 있습니다. 그렇기 때문에 최선을 다했든 아니든 선택 자체에 대해서는 후회가 없습니다.

여기서 중요한 것은 선택의 폭입니다. 흔히 사람들은 선택의 폭이 좁다는 것에 대해서 부정적인 생각을 가지고 있는 듯합니다. '나는 여행 경비가 부족해서 가까운 중국이나 일본까지밖에 못 가.' '우리 집 형편은 그리 넉넉하지 못해서 바로 취업하는 것 외에 별다른 선택은 없어.' '내년 1월부터 아들 녀석이 외국으로 유학을 떠나기 때문에 일단은 지금 회사를 계속 다녀야 해.'

이 모든 것들이 내 의지와 상관없이 할 수 있는 선택이 제한적임을 말해 줍니다. 때로는 이러한 제한된 선택이 차라리 마음을 더 편안하게 만들어 줄 수 있습니다. 선택할 수 있는 것들이 별로 없기에 나중에도 아쉬워할 일이 없습니다. 한마디로 기회비용

Opportunity cost이 거의 0에 가깝죠.

다른 선택 사항은 더 들여다볼 것도 없기에 자신이 결정한 선택에 대해 전력을 다할 수 있습니다. 더욱 최선을 다하는 만큼 더 좋은 결과를 얻을 수도 있고요. 저는 '죽기 아니면 까무러치기'라는 말을 좋아합니다. 진짜로 죽든가 아니면 죽은 것처럼 기절하든가 둘 중 하나만 하겠다는 강력한 의지를 담고 있기 때문이죠. 살아 있는 한 그 어떤 다른 모습은 보여 주지 않겠다는 비장한 각오로 최선을 다하는 겁니다.

혹시 당신이 강렬히 이루고 싶은 목표가 있다면 딱 두 가지의 선택만 기억하세요. 죽기 아니면 까무러치기 말입니다. 내게 주어진 선택의 폭이 좁다고 너무 한탄하고 원망하지 마세요. 선택의 폭이 좁아서 고민도 덜하고 선택한 것에 더욱 최선을 다할 수 있습니다. 집중하고 매진할수록 당신이 이루고자 하는 꿈은 한층 현실에 가까워집니다.

삶의 선택에서 여지가 별로 없었던 사람들이 열심히 노력하여 성공한 사례들을 종종 볼 수 있습니다. 처음엔 그 사람들을 보면서 '어떻게 그런 환경에서 그런 성공을 이루어 낼 수가 있지?'라고 생각했습니다. 하지만 곰곰이 생각해 보면 선택의 폭이 좁았기에 할 수 있는 것에 죽기 살기로 덤벼들 수밖에 없었는지도 모릅니다. 죽기 살기로 덤벼들었기 때문에 성공할 수밖에 없었겠죠.

사생아에 흑인이고 가난했던 한 여성이 있습니다. 집안이 부유

하거나 사회적 위치가 높은 가정이 아니었기 때문에 무조건 열심히 살 수밖에 없었습니다. 다른 선택의 여지가 없었던 것이죠. 그녀는 자신의 일에 죽기 살기로 덤벼듭니다. 결국 세계에서 가장 유명한 TV 쇼 진행자가 됩니다. 바로 여러분도 잘 아시는 오프라 윈프리^{Oprah Winfrey}입니다.

내가 결정할 수 있는 선택의 폭이 너무 좁다고 좌절하지 마세요. 내 마음대로 할 수 있는 것이 별로 없다고 너무 신세 한탄만 하지도 마세요. 아무것도 할 수 없다고 느껴지는 순간에 이 상황을 어떻게 받아들일지 하는 태도는 내가 결정할 수 있습니다.

내가 할 수 있는 선택은 없고 주어진 선택만 있다면 차라리 잘된 일인지도 모릅니다. 할 수 있는 것이 그것뿐인 만큼 거기에 최선을 다할 수 있기 때문이죠. 남은 선택지 단 하나에 모든 것을 걸고 미련 없이 최선을 다할 수 있습니다. 전부를 걸고 죽기 살기로 매달리는데 안 될 것이 있겠어요?

선택의 폭이 넓지 않음에 한숨짓지 말고 주어진 그 한 가지에 최선을 다할 수 있음에 행복을 느끼시기 바랍니다. 그리고 전력투구(全力投球)하시기 바랍니다.

리스크 보상 효과

Risk compensation

믿는 구석이 있다고 너무 무리하진 마세요.
그러다 망할 수 있습니다. 

당신이 거금을 투자하여 매우 멋진 자전거 한 대를 구입
했다고 가정해 봅시다. 이 자전거에는 매우 강력한 브레이크
가 장착되어 있습니다. 시속 30km 속도로 달리다가도 이 브
레이크만 잡으면 거짓말처럼 바로 멈출 수 있죠. 그래서일까
요? 당신은 내리막길에서도 속도를 늦추지 않습니다. 오히
려 평소보다 더 속력을 냅니다. 강력한 브레이크가 있다는
심리적 안정감을 느끼기 때문이죠. 강력한 브레이크라는 '믿
는 구석'이 있기 때문입니다.

물론 이는 위험한 행동입니다. 아무리 막강한 브레이크
가 있다고 해도 어떠한 돌발 상황이 닥칠지 모르니까요. 갑
자기 사람이 튀어나와서 부딪히면 어떡하죠? 느닷없이 브레

이크가 고장 날 수도 있고, 바닥이 미끄러울 수도 있습니다. 어떠한 경우에든 과속은 금물입니다.

심리학에서는 이를 리스크 보상 효과로 설명합니다. '안전함'을 느낄수록 더욱 큰 위험을 감수하고자 하는 인간의 심리를 말합니다. 안전과 위험, 이 두 가지는 서로 상반되는 개념입니다. 위험성이라는 말이 다소 부정적으로 들린다면 모험심으로 바꾸어 생각해 보죠. 당신은 안전을 추구하는 편인가요, 모험을 추구하는 편인가요? 사실 이 질문에 정답은 없습니다. 자신이 처해 있는 상황과 각자의 판단에 의해서 달라질 수 있으니까요. 하지만 중요한 것은 이 둘 사이에 균형을 유지하는 일입니다.

리스크 보상 효과는 실생활에서도 여러 가지로 생각해 볼 수 있습니다. 저는 현재 비교적 안정된 직장에서 근무하고 있습니다. 이름만 대면 알 만한 대기업에 다니며 억대 연봉은 아니지만 안정적인 월급도 또박또박 잘 받고 있습니다. 그런데 이런 안정감이 때론 저의 모험심을 자극합니다. 회사라는 안정된 수입처가 있다 보니 수시로 좀 더 과감하게 새로운 분야에 도전하고 싶은 충동도 느낍니다.

이러한 욕구는 하루에도 제 마음을 몇 번씩 들락날락합니다. 안정된 직장이라는 믿는 구석이 저로 하여금 새로운 모험심을 부추기고 있는 것이죠. 그 모험심에 대한 욕구를 저는 아직 해결하지 못했습니다. 그대로 제 마음속에 남아서 끝없이 왔다 갔다 합니다. 적절한 수준의 안정감과 적절한 수준의 모험심이 평형을 이루는

지점은 과연 어디일까요?

　예기치 않은 큰돈이 생겼을 때도 마찬가지입니다. 기대하지 않던 천만 원이 생겼다면 어떻게 하시겠어요? 아마도 천만 원이 주는 '금전적 풍족함'이 내 금전적 인지 능력을 순식간에 무력화시킬 수 있습니다. '어차피 생각지도 않았던 돈인데 뭘'이라는 생각으로 아무 계획 없이 헤프게 쓸 수 있다는 얘기입니다. '천만 원'이라는 믿는 구석이 생겼기 때문에 여기저기에 과소비도 할 수 있습니다.

　그러다 보면 생각했던 예산을 초과하게 될 수도 있습니다. 거저 얻은 돈은 천만 원이었는데 실제 소비한 돈은 천삼백만 원이 될 수도 있습니다. 설령 천만 원을 계획된 범위 내에서 썼다 할지라도 천만 원을 쓰던 소비 습관은 그대로 남아 있겠죠. 천만 원으로 명품 핸드백을 사서 들고 다니다가 길거리에서 파는 가방에 갑자기 눈이 갈 일은 없잖아요.

　믿는 구석이 있다는 것은 좋습니다. 믿는 구석이 있을 때 우리는 더 안정감을 느끼고 더 자신감을 얻을 수 있기 때문입니다. 우리가 먼 나라로 여행을 떠날 수 있는 것도 돌아올 집이라는 안정된 심리적, 물리적 공간이 존재하기 때문입니다. 내일 아침의 해가 나를 따뜻이 맞이해 줄 것이라는 믿음이 있기에 우린 오늘 밤 편안히 잠들 수 있습니다. 사랑하는 사람을 내일도 볼 수 있다고 믿기에 오늘 밤 집 앞에서 그를 안전하게 들여보낼 수 있는 것입니다.

　발달 심리학에는 분리 불안Separation anxiety이라는 개념이 있습니다. 부모와 쉽게 떨어지지 못하는 성향을 보이는 영유아의 증상을 말합니다. 이 아이들이 부모와 쉽게 떨어지지 못하는 이유는 간단합니다. 부모로부터 충분한 사랑을 느끼지 못해서입니다. 홀로 있는 상황이나 타인에게 다가가는 상황을 불편해하고 불안해합니다.

반면에 충분한 사랑과 관심을 받고 자란 아이들은 다릅니다. 이들은 부모와 쉽게 떨어져 혼자서도 잘 놀고 타인에게 다가가는 데에도 별 어려움이 없습니다. 자신을 사랑해 주고 언제든지 맞이할 준비가 되어 있는 부모라는 든든한 '믿는 구석'이 있기 때문입니다. 이처럼 믿는 구석이 있어야 모험심도 발휘할 수 있고, 새로운 도전도 할 수 있고, 새로운 사람도 만날 수 있습니다. 믿는 구석이 있어야 가지 않았던 새로운 길도 가 볼 수 있습니다.

하지만 믿는 구석이 있다고 해서 감당하기 힘든 모험만 시도한다면 곤란해지겠죠. 강력한 브레이크가 있다고 해서 지나치게 과속하면 안 되는 것처럼 믿는 구석이 있다고 해서 너무 멀리 가거나 큰 위험을 쫓으면 안 됩니다. 믿는 구석을 바탕으로 적당한 수준의 모험을 감행하는 균형 잡힌 지혜가 중요한 이유입니다.

혹시 일상이 따분하다고 느껴질 때가 있나요? 일상이 따분하다는 말은 바꾸어 생각해 보면 그만큼 안정감을 느끼고 있다는 뜻입니다. 일상이 따분하다고 해서 무조건 새로운 일이나 새로운 모험만을 추구해서는 안 되겠죠? 지금 일상이 무료하다고 해서 무조건 현실을 벗어나려고 하는 대신 믿는 구석이 당신에게 주는 편안함과 안정감도 음미해 보세요. 편안함과 안정감을 해치지 않는 범위 내에서 밖으로 나가 보세요. 새롭게 해 보고 싶은 것, 새롭게 도전해 보고 싶은 것을 시도해 보세요. 그러다 아니라는 생각이 들면 다시 돌아올 수 있을 만큼만 나가 보세요.

현실에 계속 머무를지, 본격적으로 새로운 모험에 뛰어들지는 그때 가서 최종 결정해도 늦지 않습니다. 조금만 조급함을 버리고 믿는 구석을 제대로 활용하는 지혜로운 당신이 되길 바랍니다.

진술 편향

Statement bias

나에 대한 소문이요? 너무 신경 쓰지 마세요.
근거 없는 소문일 가능성이 높아요

직장 생활, 학교생활, 동호회 활동 등 사회생활을 하다 보면 누구나 한 번쯤 겪는 고민이 있죠. 바로 나에 대한 소문입니다. 나에 대한 소문을 다른 사람을 통해서 듣는다는

것 자체가 썩 유쾌한 일은 아닙니다. 더욱이 그 소문 내용이 맞는 경우도 별로 없습니다. 소문이 사실과 달라서 억울함을 느낄 때가 많죠.

도대체 이런 소문은 누가 퍼트리는 걸까요? 그 소문의 진원지를 알아내서 당장 쫓아가 따지고 싶은 심정입니다. 저 역시 마찬가지였습니다. 회사에서 저에 대한 소문을 들으면 별 내용이 아니더라도 소문이 있다는 것 자체가 신경 쓰였습니다. 누군가가 나를 주시하고 있는 것 같다는 불편함을 떨쳐 버리기 쉽지 않았습니다. 사람들이 앞에서는 웃으며 얘기해도 뒤에 가서는 딴소리를 할 수 있다고 생각하니 '무섭다'는 생각까지 들었습니다.

이런 생각을 하다 보니 사람들을 경계하게 되더군요. 가끔씩 저에 대한 소문을 들으면 '누가 그런 얘기를 하고 다녔을까?' 하고 몹시 궁금해지기도 했습니다. 단서를 캐내어 범인을 쫓는 집요한 탐정처럼 독기를 품은 채 소문의 진원지를 찾아다니기도 했습니다. 하지만 소문의 진원지는 찾을 수 없었고 무엇보다도 그 과정에서 제 자신이 더욱 답답하고 처량하게 느껴지더군요. '이렇게 해서 뭐하나?' 하는 공허감도 밀려왔습니다.

그러다가 우연히 제 마음에 안정감을 주는 좋은 심리학 이론을 하나 발견했습니다. 바로 '진술 편향'이라는 이론입니다. 진술 편향이란 사람들이 누군가의 질문을 결국에는 무의식적으로 평서문 형태로 기억해 저장하는 경향을 말합니다.

예를 들어 동료인 최 대리가 김 대리에게 묻습니다.

최 대리 : 김 대리, 이번에 들어온 신입 사원 말이야. 우리 김 전
　　　　　무님과 복도에서 긴밀히 얘기 나누는 모습 봤어?

김 대리 : 아니, 왜?

최 대리 : 혹시 그 신입 사원 우리 회사 높은 분과 뭔가 관련되
　　　　　어 있는 거 아니야?

김 대리 : …

　이 얘기를 들은 김 대리가 당신이라면 '그런가?' 하고 생각합니다. 그런데 당신의 뇌는 그 신입 사원에 대한 질문을 그대로 저장하지 않습니다. 대신 '그 신입 사원은 윗사람과 관련되어 있다'라는 평서문의 형태로 기억 속에 저장합니다. 마치 사실인 것처럼 말이죠.

　왜 원래의 의문문 형태로 저장하지 않고 평서문 형태로 바꿔 저장할까요? 우리의 뇌는 생각보다 매우 게으른 신체 기관이거든요. 뇌가 정확히 의문문, 정확히 평서문, 정확도가 낮은 말, 정확도가 높은 말이라고 따로 확실하게 구분해서 저장하지 않습니다. 결국 나중에 당신이 다른 누군가와 대화할 때 자신도 모르게 이런 얘기를 하게 됩니다.

　"아, 그 신입 사원 말이야? 그 친구 빽이 좀 있는 것 같던데?" 이 말은 들은 또 다른 상대방은 '아, 그럼 그렇지. 그 신입 사원은 윗분들과 관련이 있다는 게 맞구나.' 하고 이해합니다. 이 말이 한 번 더 옮겨 가면 '그 신입 사원은 빽이 있다.'라고 사내에서 기정사실화(旣定事實化)되어 버립니다.

　이렇게 소문이 탄생하는 것이죠. 소문의 발생 원리가 이해되셨나요? 최초의 열대성 저기압이 주위의 수증기를 긁어모아 조금씩 커다란 태풍으로 발달하듯이 당신에 대한 소문 역시 당신에 관한 질문 한두 개가 당신이 등장하는 대화를 끌어모아 그릇된 소문으로 발달합니다.

　물론 단순히 소문이 아닌 경우도 있겠죠. 그중에는 사실도 있을 것입니다. 그런데 당신에 대한 소문이 처음부터 어떤 악의를 가지고 많은 사람이 실제로 그렇다고 믿어서 생겨나진 않았을 수 있음을 이해하는 것이 더 중요합니다. 당신에 대한 소문이 한두 사람의 단순한 질문에서 발생한 오해라고 생각하면 마음이 좀 더 편안해질 수 있거든요.

　저도 이런 원리를 깨닫고 난 뒤에는 저에 대한 소문을 들어도 예전처럼 마음이 심하게 동요하진 않습니다. 진술 편향과 소문의 작동 원리에 대해 나름 생각을 정리한 후에는 소문에 훨씬 의연해질 수 있었습니다. '에이, 누가 또 그런 식으로 잡담했나 보네.' '누가 또 괜한 걸 물어봤나 보네.' 하고 말이죠. 소문으로부터 예전보다 자유로워졌습니다. 소문에 대해 고민하고 전전긍긍하는 시간과 마음이 아까워서라도 너무 신경 쓰지 않으려고 합니다.

　여러분도 이렇게 한 번 생각해 보세요. 단지 한두 명이 묻고 답하는 과정에서 발생한 단순한 오해라고 말이죠. 혹시 지금 자신에 대한 소문으로 마음고생하고 있는 분이 계신가요? 그렇다면 이제 그만해도 됩니다. 잡담에서 나온 단순한 오해일 수 있으니까요.

반대의 경우도 마찬가지입니다. 누군가로부터 어떤 사람에 대한 질문을 받았을 때는 그대로 받아들이세요. 즉, 질문을 받았으면 질문의 형태 그대로 뇌 속에 저장하도록 노력하는 겁니다. 당신의 뇌는 그 질문을 평서문의 형태로 저장하려고 하겠지만 거기에 휘말리면 안 됩니다. '다른 이름으로 저장'하지 말고 '들은 그대로 저장'해야 합니다. '의문문' 파일의 형태를 '평서문'이 아니라 '의문문'으로 똑같이 저장해야 합니다. 그것이 애먼 사람에 대한 소문을 퍼트리지 않는 당신의 따뜻한 배려입니다.

당신에 대한 소문으로부터 한결 자유로워지는 당신을 기대합니다. 당신에 대한 사담으로부터 더욱 의연해지는 당신을 기대합니다. 타인에 대한 질문은 질문 그대로 저장하는 편견 없는 당신을 기대합니다.

공평한 세상의 오류

Just-world fallacy

세상은 공평하지 않아요.
그래도 내가 할 수 있는 것들에 최선을 다하면 행복해집니다.

얼마 전 매우 가슴 아픈 뉴스를 접했습니다. 일가족이 교통사고로 참변을 당했다는 내용이었습니다. 그분들은 아들의 신병 면회를 마치고 집으로 돌아가던 길이었어요. 그 사고로 아버지, 어머니, 여동생, 그리고 그 신병의 여자 친구까지 모두 한꺼번에 안타까운 생을 마감했습니다. 정말이지 비통한 사고가 아닐 수 없습니다. 그러다 문득 이런 생각이 들었습니다. '순식간에 이 세상에 홀로 남게 된 그 신병은 어떤 심정일까?'

이렇게 비참한 사고를 접할 때면 자동적으로 하게 되는 생각 패턴이 하나 있습니다. 문제의 원인을 그 내부로부터 찾는 경향인데, 예를 들면 이런 것입니다. '빗길에 과속이라도 했나 보다. 아니면 안전벨트를 안 매서 사망에 이르게 된 거 아닐까? 어쩌면 전방 주시를 게을리했을 수도 있지.'라는 식으로 말이죠. 즉, 문제의 원인을 사고 당사자들에게서 직접 찾는 식입니다.

이처럼 피해자들에게서 사고 원인을 찾는 패턴을 내부 귀인Internal attribution이라고 합니다. 출근길 버스를 간발의 차로 놓치고 나서 '아, 내가 조금만 더 일찍 일어났더라면….' '내가 정류장까지 좀 더 뛰었더라면….' 하고 원인을 내 자신에게 돌리는 경우를 말합니다.

반면에 '오늘 엘리베이터가 중간에 서지 않고 바로 내려왔으면 버스를 탈 수 있었을 텐데. 중간에서 아주머니가 타시는 바람에 더 늦어졌잖아….'라고 생각하는 것은 외부 귀인External attribution입니다. 문제의 원인을 '엘리베이터'와 '그 아주머니'에게서 찾습니다.

그렇다면 사람들은 제3자의 사고를 바라볼 때 주로 사고에 대한 원인을 내부 요인으로 돌릴까요? 아니면 외부 요인으로 돌릴까요? 대부분의 경우에는 내부 귀인이 더 많습니다. 그렇게 하면 우리 마음이 훨씬 편하기 때문입니다.

쉽게 설명해 볼게요. 끔찍한 사고를 보면 어떤 생각이 드세요? 참으로 안 됐다, 불쌍하다는 생각이 보통 먼저 듭니다. 그러면서 자동적으로 '나도 언젠가 이런 사고를 당할 수 있지 않을까?' 하는 불안감과 두려움이 다가옵니다. 그렇기에 사고의 원인을 사고 당사자들 내부로부터 찾습니다. 그들이 올바른 판단을 해서 제대로 처신했더라면 끔찍한 사고를 겪지 않았을 것이라 생각하는 거죠. 그렇게 생각하면 불안감을 좀 지울 수 있거든요. 평소 자신은 알맞게 대처하기 때문에 그런 사고는 피해 갈 수 있다는 식으로 불안을 달랩니다.

심리학에서는 이를 공평한 세상의 오류라는 개념으로 설명합니다. 즉, 사람들이 '세상은 기본적으로 공평하다고 믿는 경향'을 말합니다. 쉽게 말하면 '사고를 당한 사람들은 그럴 만한 이유가 있었기 때문에 사고를 당한 것이고, 멀쩡한 사람들은 그만큼 주의를 기울였기 때문에 멀쩡한 것이다.'라고 생각하는 방식입니다. 이러한 공평한 세상의 오류는 결국 미래에 대한 불확실성에서 오는 불안감을 가라앉히기 위해 생겨난 일종의 무의식입니다.

과연 실제로 세상은 공평할까요? 그렇다면 갑작스러운 여객기 사고나 지진, 태풍 같은 자연재해들로 인한 사고는 어떻게 설명해야 할까요? 그러한 사고들조차 개인의 부주의로 인한 사고라고 생각할 수 있을까요? 비행기가 떨어지고 땅이 갈라지는 사고를 당한 피해자들에게 개인의 잘못을 물을 수는 없죠. 즉, 실제로는 세상이 공평하지 않습니다.

아무리 노력해도 불의의 사고를 당할 수 있는 세상입니다. 제아무리 조심한다 한들 언제 어떤 일을 겪게 될지 모르는 것처럼 말입니다. 그래서 공평한 세상의 '오류'라고 하는 것이죠. 사실 이런 생각을 하면 힘이 좀 빠지고 우울해집니다. 우리가 할 수 있는 게 별로 없다는 생각이 들기 때문이죠.

그렇다고 너무 비관적으로 받아들일 필요는 없어요. 우리는 지금 최선을 다할 수 있는 것에 전력을 다하면 됩니다. 건강 관리를 위해서 평상시 운동을 꾸준히 하고, 좋은 사람들과 자주 만나 행복한 시간을 최대한 많이 갖고, 자신이 좋아하고 보람을 느끼는 일을 꾸준히 하는 것이 우리가 할 수 있는 최선이라 생각합니다.

살아가다 갑작스레 불의의 사고를 겪게 되어도 여한(餘恨)이 없도록 있는 힘을 다하는 자세가 중요합니다. 어느 날 갑자기 내가 이 세상에 존재하지 않게 되는 상황이 올지라도 인정할 것은 인정하면서 하루하루를 소중히 여기며 살아가야 합니다. 그것이 세상을 공평하다고 믿는 오류로부터 벗어나는 현명한 방법이고, 불의의 사고를 목격하면서 느끼는 불안감에서 진정 자유로워지는 길입니다.

프랑스에 리요테^{Lyautey}라는 장군이 있었습니다. 그는 어느 날 정원사에게 나무를 한 그루 심으라고 명합니다. 정원사는 "나무가 다 자라기 위해서는 150년 이상의 시간이 걸리는데요?"라며 나무 심기를 반대했다고 하네요. 그러자 장군은 "150년이라고? 그렇다면 무엇을 더 망설이나? 지체할 시간이 없네. 오늘 오후에 당장 그 나무를 심도록 하게나."라고 말했습니다.

리요테 장군은 나무가 다 자란 모습을 볼 수 없다는 사실을 알면서도 당장 심기를 지시합니다. 비록 다 자란 나무를 볼 순 없지만 지금 나무를 심는 것이 그가 할 수 있는 최선이라고 생각했기 때문이죠. 그는 어느 날 불의의 사고를 당해 생을 마감하더라도 여한은 없을 것입니다. 그가 할 수 있는 것에 최선을 다했기 때문입니다.

오늘을 살아가는 우리도 마찬가지입니다. 우리가 사는 오늘, 지금 이 순간순간에 최선을 다해야 합니다. 그렇게 함으로써 삶에서 만족과 보람을 느낄 수 있습니다. 설령 갑자기 더 이상 생을 지속할 수 없는 순간이 다가오더라도 아쉬움과 후회는 남지 않을 것입니다.

세상은 공평하지 않습니다. 착한 사람이 안 좋은 상황에 처하기도 하고 나쁜 사람이 더 좋은 결과를 가져가기도 합니다. 그렇다고 해서 낙담하거나 좌절할 필요는 없습니다. 우리가 자기 삶에 최선을 다하고 그것에서 만족감을 느낀다면 그 자체가 공평한 것이니까요.

사후 판단 편향

Hindsight bias

미래는 예측하는 것이 아닙니다.
미래는 만드는 것입니다. 

아이들이 뛰어오다 넘어지는 것을 보고 엄마들이 이렇게 말하죠. "에고 진짜, 내가 이럴 줄 알았어. 그러게 왜 뛰어와?" 넘어진 아이와 상황에 대한 안타까움을 표시합니다. 근데 가만히 생각해 보면 뭔가 좀 이상해요. 넘어질 것을 알고 있었다면 왜 진즉에 말리지 않았을까요? 정말로 아이가 뛰어오다가 넘어질 것을 알고 있었던 것일까요?

심리학자들은 이처럼 사람들이 어떤 일이 발생하고 난 뒤에 '그럴 줄 알았어.'라며 알고 있었다는 듯이 행동하는 경향을 사후 판단 편향이라고 합니다. 저는 이런 경향을 쉽게 '내 그럴 줄 알았다' 효과라고 이름 붙이고 싶네요. 이러한 사후 판단 편향은 일상생활 속에서 빈번히 목격할 수 있습니다.

'내 이럴 줄 알았어. 그렇게 이것저것 많이 집어 먹을 때부터 알아봤어. 그러니까 체하지.' '내 이럴 줄 알았어. 고속도로를 탈 때부터 알아봤어. 그냥 국도로 갔으면 더 빨리 도착했을 텐데.' '내 이럴 줄 알았어. 당신한테 그 일을 시키는 게 아니었는데 말이야.'

이렇게 일이 벌어지고 난 뒤에야 '내 그럴 줄 알았어.'라며 혀를 쯧쯧 차는 이유는 무엇일까요? 심리학자 데이비드 로크David Rock에 의하면 인간의 뇌는 불확실한 상황을 그리 달갑게 받아들이지 않는다고 합니다. 우리 뇌는 알 수 없는 불확실한 상황을 고통으로 여기고 이는 결국 불안감을 유발하기 때문입니다. 어떠한 일이 발생했을 때 뒤늦게라도 그렇게 될 줄 예상하고 있었다고 믿는 겁니다. 자신이 미래를 어느 정도 예측할 수 있다고 생각하면서 미래에 대한 앞으로의 새로운 불확실한 상황에도 대처할 수 있다고 안심하는 거죠. 그것을 통해 불확실한 상황으로 인한 고통 수준을 낮출 수도 있고요.

사실 우리는 자신의 미래를 정확히 예측할 수 없습니다. 신(神)이 아닌 이상 미래를 확실하게 예측할 수 없죠. 그럼 어떻게 미래에 대한 불확실성에서 오는 불안감을 낮출 수 있을까요? 추천하고 싶은 두 가지 방법이 있습니다.

첫 번째, 나의 예측이 벗어난 경우에 그 자체를 인정하고 받아들이는 것입니다. 과거의 예측이 틀렸음을 인정할 수 있어야 다음 번에 좀 더 정확한 예측이 가능해집니다. 인정할 것은 인정해야 시행착오를 통해 얻은 경험으로 그 다음엔 더욱 정확한 예측에 다가

갈 수 있기 때문입니다.

두 번째, 미래를 예측하지 말고 미래를 창조해 나가는 것입니다. 내일 내가 에버랜드를 가게 될 것인지 아니면 롯데월드를 가게될 것인지 예측할 필요는 없습니다. 내가 가고 싶은 곳을 내가 결정해 가면 그만입니다. 내 결정이 곧 내 미래가 됩니다. 인생도 마찬가지입니다. 앞으로 어떤 인생을 살게 될 것인지를 예측하는 것보다는 내가 살고 싶은 삶을 정하고 그러한 삶을 살기 위해 노력하고 살아가면 됩니다.

어차피 세상과 환경을 정확히 예측할 수는 없지만 내가 어떠한 삶을 살아갈 것인지는 내가 결정할 수 있습니다. 내가 살고 싶은 대로 삶을 결정하고 실천하면 되니까요. 자신이 결정하는 삶은 예측할 필요가 없습니다.

> 미래를 예측하는 최선의 방법은 미래를 창조하는 것이다.
>
> — 앨런 케이[Alan Curtis Kay]

미국의 컴퓨터 과학자인 앨런 케이는 미래에 대한 예측보다 미래에 대한 창조를 더욱 강조합니다. 내가 만드는 미래는 구태여 예측할 필요가 없습니다. 내가 이 직업을 선택해야 할지 저 직업을 선택해야 할지도 예측할 필요가 없습니다. 내가 결정하면 되는 것이니까요.

물론 결정하기 쉽지 않은 순간들도 있습니다. 내가 지금 선택하는 이 길이 나중에 나를 어디로 데려갈지 확신이 서지 않을 수도 있습니다. 생각했던 그 길이 아닐 수도 있습니다. 그러한 경우에도 '내 그럴 줄 알았다'라고 스스로를 속이지는 마세요. 내가 생각했던 결과가 아닐 뿐, 그 길을 선택한 것이 나라는 사실은 변함없기 때문입니다. 그 길을 걸어가 보기로 결정한 것 역시 나 자신이고, 내가 정확히 내 미래를 창조한 셈입니다. 자신 있게 선택하고 주도적으로 내 삶을 만들어 봅시다. 예측이 필요 없는 삶을 만들어 봅시다.

7

불안을 이겨 내는
심리학

내 감정을 정말 '잘' 활용하는 방법 

　　밤늦게 홀로 외진 골목길을 걸어가 본 적 있나요? 왠지 뒤에서 누가 따라오는 듯한 느낌, 어두컴컴한 길모퉁이에서 무엇인가 불쑥 튀어나올 듯한 느낌이 들지 않나요? 그러다 길고양이가 차 밑에서 갑자기 후다닥 뛰어나가는 모습을 보면 순간 심장이 터져 버릴 것 같은 공포심을 느낍니다. 이 모든 감정과 느낌은 내 의지와 상관없이 '일어나는' 것들입니다. 그런데 이러한 공포심도 우리에게 이로운 기능이 있습니다. 공포감을 느끼게 하는 상황에서 주의를 기울이게 만들어 줍니다.

　　예를 들어 깎아지른 듯한 비탈진 산길을 차로 운전해 가는 상황을 가정해 봅시다. 자칫 잘못하면 끝도 안 보이는 낭

떠러지 아래로 떨어져 버릴 것 같습니다. 긴장감은 극도에 달합니다. 차가 굴러떨어져 버릴지도 모른다는 두려움으로 인해 속도를 조절하고 눈을 부릅뜨고 전방을 주시합니다. 인간의 공포심은 우리로 하여금 스스로를 더욱 조심하게 만듭니다.

공포심의 기능은 인류의 발달 측면에서 봤을 때 원시 시대까지 거슬러 올라갑니다. 원시인들은 사나운 맹수들로부터 자신을 지켜야 했습니다. 조금이라도 위협적인 요소가 보이면 바로 몸을 웅크리거나 경계 태세를 갖춰야 했죠. 원시인들의 이러한 공포심이 인간의 자연스러운 본능으로 자리 잡은 것입니다.

공포심과 유사한 감정이 바로 불안입니다. 얼핏 보면 공포심과 불안감은 차이가 없어 보이지만 공포심은 주로 외부 환경 요인으로부터 기인하고, 불안감은 대개 내부 요인에서 발생한다는 점에서 차이가 있습니다.

최근 많은 사람이 느끼는 대표적 불안감이 있습니다. 바로 미래에 대한 불안감입니다. 세상은 갈수록 빠르게 변화하고 있고, 그런 세상 속에서 나는 미래에 어떤 모습으로 살아가게 될까 하며 불안해하고 걱정하는 것입니다. 아직 겪지 않은 미래이기에 잘 알지 못하고 잘 알지 못하기에 불안감이 생겨나는 구조입니다.

심리학자 에머리^{Emery}와 제임스 캠벨^{James Campbell}은 불안감이 발생하는 이유를 위험 요소는 과대평가하고 그것을 해결할 수 있는 내 능력은 과소평가하기 때문이라고 설명합니다. 위험과 위험을 해결할 수 있는 능력이 서로 일치하지 않는다고 생각하는 마음에서 불안감은 비롯됩니다. 내 능력이 그 위험을 해결할 수준이 안 된다고 느낄 때 불안감이 생기는 것입니다.

이처럼 불안감의 시작은 바로 우리 내면의 생각입니다. 하지만 불안감이 부정적인 느낌을 준다고 해서 불안감 자체를 부정해서는 안 됩니다. 불안을 느끼는 건 우리 몸이 기능하는 것처럼 자연스러운 반응입니다. 불안감이 느껴지면 '아, 내가 지금 불안해하고 있구나.' 하고 우선 그 감정을 받아들이는 겁니다. 그런 다음 그 불안감이 느껴지는 이유를 곰곰이 한 번 생각해 보는 겁니다.

발표에 대한 불안감을 예로 들어 봅시다. 발표를 앞두고 불안해집니다. 발표하다가 실수를 저질러서 망신을 당할 것 같은 기분때문에 그런 것인지, 스스로 자신에게 실망할 것 같아서 그런 것인지, 예전에 발표하다가 큰 실수를 해서 이번에도 같은 실수를 반복할지도 모른다는 생각 때문에 그런 것인지 살펴보는 겁니다.

불안의 근거를 찾았으면 과연 그 불안의 이유가 합리적인지 따져 봅니다. 발표할 때 실수하게 되면 사람들이 정말로 나를 비웃을까? 만약 비웃는 사람이 있다면 그는 지금껏 단 한 번도 실수한 적이 없는 사람인가? 나는 사람들에게 비웃음을 살 만큼 큰 실수를 하게 될 가능성이 얼마나 있을까? 하고 스스로 생각해 보는 겁니다. 그렇게 합리적인 물음을 이어 나가다 보면 불안감의 수준이 많이 떨어집니다. 그렇게 불안해할 만한 근거를 못 찾기 때문이죠.

이번에는 자신의 강점에 대해서도 생각해 보세요. 자신의 강점을 되새기는 것도 불안감을 다루는 데 큰 도움이 됩니다. '내가 발표할 주제에 대해서 많은 준비를 하진 못했지만 나는 임기응변에 뛰어나잖아. 말문이 막힐 때는 그 상황에 맞게 잘 대처해 나가자.' '내가 임기응변 능력이 좀 떨어지긴 하지만 청중 대부분이 나와 잘 아는 사람들이잖아. 내가 실수를 한다 하더라도 나를 비웃을 사람은 없을 거야.'라고 믿는 것입니다.

막연히 불안감이 생길 때는 이처럼 자신이 할 수 있는 것에 집중하는 자세가 중요합니다. 내가 잘할 수 있는 것에 집중할수록 불안감은 낮아지고 자신감이 상승하게 되는 원리입니다.

끝으로 불안감을 조절할 수 있는 또 하나의 팁을 드리고자 합니다. 그것은 이미 불안감을 극복한 사람처럼 행동하는 것입니다. 만약 발표에 불안을 느끼고 있다면 발표를 잘하는 사람처럼 행동하는 것이죠. 발표 무대에 올라서서 이미 발표를 잘하는 사람처럼 발표하면 됩니다. 자신 있고 낭랑한 목소리로 발표를 이어 나갑니다. 긴장되고 떨리는 순간도 있지만 예전에도 그런 순간들을 잘 넘겼던 것처럼 그 순간들을 부드럽게 넘깁니다. 다소 당황스러운 질문에 여유로운 답변을 하려고도 애씁니다. 전에도 이미 그런 경험이 있는 것처럼 말이죠.

또 한 가지 예를 들어 볼까요? 이건 실제 제 이야기인데, 회사에서 제가 사장님께 직접 발표해야 했던 일이 있었습니다. 제가 근무하는 영업점의 점장님을 대신해서 발표하게 된 자리였습니다. 점장님이 다른 외부 미팅으로 참석할 수 없어서 제가 대신 발표해야 하는 상황이었죠. 정말 하늘의 모든 무게가 저를 짓누르는 것 같았습니다. 그 부담감과 중압감이 상상을 초월하는 수준이었습니다.

어쨌든 발표 준비에는 최선을 다했죠. 내용을 몇 번이고 되짚어 보았습니다. 자연스러운 발표를 위해 자료를 보지 않고 말하는 연습을 하고 또 했습니다. 희한하게도 연습을 하면 할수록 부담감과 불안감이 더 증가하는 것 같더라고요. 연습한 것들을 그대로 실전에서도 똑같이 보여 줘야 한다는 중압감이 작용하는 듯했습니다.

어느 순간 이후로 과감히 연습을 중단했습니다. 계속 불안했기 때문이죠. 대신에 저는 불안하지 않은 척 연기를 하기 시작했습니다. 원래 발표를 잘하는 사람처럼, 사장님 앞에서 성공적으로 발표를 잘했던 경험이 있는 것처럼 발표하기로 마음먹었습니다. '나는 원래 발표를 잘하는 사람이다. 사장님 앞에서도 발표를 잘할 수 있다.'라고 일종의 자기 최면을 걸었습니다.

결과적으로는 꽤 성공적이었습니다. 불안감을 아예 없앨 수는 없었지만 그래도 꽤 만족스러운 발표를 했다고 생각합니다. 사장님께서 이런 말씀도 하셨거든요. "매출 실적은 안 좋지만 그래도 설명은 참 잘하네." 이 말을 듣고 정말 하늘로 날아오를 것 같은 기분이었습니다. 그동안 느꼈던 발표에 대한 불안감이 한 번에 사라지는 듯한 느낌이었습니다.

수없이 발표를 연습하고 또 연습했던 것도 많은 도움이 되었겠죠. 하지만 불안을 느끼지 않은 것처럼 행동하는 것이 실제 불안 해소에 더 많은 도움이 되었다고 저는 믿습니다.

옷 가게에서 새 옷을 한번 입어 보듯, 원하는 역할을 한번 수행해 본다. 옷은 사람을 바꿀 수 없지만 역할 연기는 사람을 바꿀 수 있다. 일단 다르게 행동하면 다르게 느끼기 시작한다. 그리고 점차 용기 있는 사람이 될 것이다.

– 『아들러의 감정 수업』 게리 D.맥케이^{Gary D. McKay},

돈 딩크마이어^{Don Dinkmeyer}

사고가 행동을 지배하지만 행동이 사고를 지배하기도 합니다. 우리가 되고자 하는 모습을 따라 함으로써 실제로 그 모습에 가까워질 수 있는 것이죠. 유명한 작가의 문체를 내재화(內在化)하기 위한 가장 좋은 방법은 일단 무조건 따라 쓰는 것입니다. 이러한 필사(筆寫)를 지속하다 보면 어느덧 내 문체가 자신이 닮고 싶은 작가의 문체와 비슷해진 것을 느끼게 됩니다.

불안감을 극복한 우리의 모습도 마찬가지입니다. 불안감을 극복하기 위해서는 불안감을 극복한 사람처럼 행동하면 됩니다. 되고자 하는 모습이 있다면 이미 그 모습을 이룬 것처럼 행동하시기 바랍니다. 그럼 실제로 그에 걸맞은 생각과 판단을 할 수 있습니다.

불안감과 두려움을 느끼는 상황에 있다면 우선 그 감정을 인정하세요. 그리고 내가 잘할 수 있는 강점에 집중해 보세요. 마지막으로 불안을 느끼지 않는 사람처럼 행동해 보세요. 당신의 불안감을 다룰 수 있는 가장 현명한 방법이 될 것입니다.

집단 극화 현상

Group polarization

회의만 하면
결론이 극으로 치닫는 이유? 

　　회사에서는 많은 사람이 모여 회의를 진행하곤 합니다. 임원부터 간부급 직원들까지 나름대로 업계의 전문가라 할 수 있는 분들이 한꺼번에 모일 때가 있습니다. 이러한 사람들이 모인 회의이기 때문에 그만큼 합리적이고 효과적인 아이디어 도출이 기대됩니다.

　　저도 그런 미팅에 종종 참석합니다. 그런데 회의가 진행될수록 문제의 본질보다는 문제의 곁다리만 건드리는 느낌을 받을 때가 있습니다. 사람들 모두 저마다 한두 마디씩 말하지만 뭔가 회의를 당장 끝낼 수 있을 만큼 '바로 이거다!'라는 느낌이 오는 아이디어는 아직 없습니다. 그러다 결국 한두 명의 입김에 의해 회의 방향이 결정되고 나머지가 그것에 동조하는 경향을 보이면서 회의는 급히 마무리됩니다.

그럴 때면 솔직히 '아니, 이 얘기를 하려고 이 많은 사람이 여기에 모였나?' 하는 생각이 들기도 합니다. 회의에 참석했던 한 사람 한 사람은 모두 회의 결과보다 높은 수준의 생각을 가진 분들일 텐데 말이죠. 그 자리에 참석했던 저로서도 내가 이 정도 실력밖에 안 되는 사람이었나 하는 일종의 자괴감이 들기도 합니다.

그런데 너무 실망하지 말아야 합니다. 심리학의 집단 극화라는 이론이 이러한 실망감을 달래 줄 수 있습니다. 집단 극화란 집단 속에서 개인의 의견보다는 본래 집단의 성향에 더욱 가깝게 의사 결정을 하게 되는 집단 의사 결정 심리를 말합니다. 예를 들어 개인적으로 a라는 성향을 가지고 있는 사람들이 모여 의사 결정을 한다고 합시다. a라는 의견을 가지고 있는 사람 둘이 만나면 a+a = 2a가 아니라 a+a = 2A가 되는 셈입니다.

이러한 집단 극화 현상은 우리 주위에서도 쉽게 찾아볼 수 있습니다. 현재 내가 근무하는 곳이 안정보다는 변화를 지향하는 분위기의 직장이라고 가정해 봅시다. 나 역시 변화를 지향하는 개인적인 성향을 지니고 있다고 생각해 볼게요.

그러한 사람들이 모여 집단의 의사 결정을 하는 자리가 생겼습니다. 거기서 내려지는 결정은 개인적으로 변화를 추구하는 수준보다도 훨씬 높은 수준으로 귀결될 가능성이 큽니다. 사람들은 개인일 때보다는 집단에 속해 있을 때 책임감을 덜 느끼기 때문입니다. 그래서 혼자 있을 때보다도 무리에 묻혀 더 강하게 자기 색깔을 드러냅니다. 왜냐하면 모두가 비슷한 성향의 사람들이 모여 있는 상태이니 만큼 자신이 하는 주장이 그렇게 이상하게 보이지 않거든요.

게다가 그 결과가 혹시 잘못되더라도 나 홀로 책임질 일은 없습니다. 다 함께 내린 결정이니까요. 그렇기에 개인적으로 의견을 제시할 때보다 높은 수준의 심리적 안정감을 가지고 더욱 과감히 얘기할 수 있습니다. 이러한 개인의 심리들이 모여 집단은 더욱더 그 집단 특유의 색깔에 맞는 의사 결정을 내리게 됩니다. 더더욱 본래의 색깔을 띠게 되는 것입니다.

최근 한국과 일본의 무역 마찰이 화두입니다. 일본은 여러 가지 이유를 앞세워 한국에 대한 무역 제재를 주장하고 있습니다. 대부분 이해할 수 없는 논리들입니다. 반면 일본 내에서는 일본의 무역 제재가 부당하다고 외치는 일본 국민들이 늘고 있습니다. '일본'이라는 국가 단위에서는 일본다운 주장을 펼치지만 '일본 국민'이라는 개인 단위에서는 그와 반대되는 주장의 목소리도 많이 들을 수 있습니다. 동일한 개인이 국가에 속할 때와 개인으로 존재할 때의 성향이 달라지는 겁니다. 집단 극화 성향의 한 예입니다.

종군 위안부 문제도 마찬가지입니다. 일본 국민들 중에는 한국에 대한 미안한 감정을 갖고 있는 사람들도 꽤 많아 보입니다. 그들의 잘못을 뉘우치고 얼마든지 반성할 준비가 되어 있는 것처럼 보입니다. 하지만 신기하게도 그들이 하나의 당(黨)으로서 또는 국가로서 의견을 낼 때 그들의 태도는 끝내 변함없습니다. 역사에 대한 죄의식이라고는 눈곱만큼도 찾아볼 수가 없죠. 아마도 개인들이 모여 집단의 타이틀을 가지고 자기 이익과 체면을 지키려는 속셈이 아닐까 싶습니다.

일본의 이러한 행태를 타파하기 위해서는 일본 국민 개개인을 상대로 설문 조사를 실시해야 합니다. 각 개인은 한국에 대한 죄책감과 반성하는 태도를 더 많이 가지고 있을 수 있습니다. 개인적으로 물어봐서 그 설문 조사의 결과를 합치는 것입니다. 그러면 일본 국민의 상당수가 한국 역사에 대한 죄책감과 책임감을 가지고 있다는 결과를 얻을 수 있겠죠. 이러한 결과를 가지고 일본 정부와 당을 상대하면 일본의 집단 극화 현상을 조금이라도 무장 해제시킬 수 있지 않을까 기대합니다.

집단 극화 현상과 유사한 개념으로 볼 수 있는 것이 집단 동조 현상^{Group conformity}인데요. 이는 개인적으로 하는 판단과 집단 속에서 하는 판단이 달라질 수 있음을 설명하는 개념입니다.

개인적으로는 A라는 의견을 가지고 있어도 같은 집단에 있는 다른 모든 사람이 B라는 의견을 가지고 있다면 어떨까요? 아마 처음에는 자기 소신껏 A라는 의견을 견지하고 있을지 모릅니다. 하지만 시간이 갈수록 심리적 불안감을 느끼게 됩니다. 다른 모든 이가 B라고 생각하고 있는데 자기 혼자만 A라고 생각하고 있으니까요. 시간이 지날수록 '내가 잘못된 건가?'라고 동요하면서 조금씩 B로 이동하게 됩니다.

집단 동조 현상을 해결하는 방법이 바로 개인적으로 접근하는 것입니다. 어떠한 문제에 대해 솔직하고 소신 있는 의견을 듣고 싶다면 개인적으로 접근해야 합니다. 10명의 집단 구성원을 한 자리에 모아 놓고 개방형으로 의견을 물어봐서는 안 됩니다. 그러면 원래 그 집단의 성향이나 한두 명의 바람몰이에 의해 한쪽으로 방향이 흘러갈 가능성이 높기 때문입니다. 내 옆의 사람이 하는 얘기와 다르거나 대부분의 사람이 집단 내에서 하는 얘기와 다른 내 의견을 제시하는 일 자체가 쉽지 않습니다. 해당 조직의 장(長)이나 정말 큰 용기를 가진 사람이 아니면 대세와 다른 의견을 주장하고 나서기 힘든 법입니다.

구성원들에게 개인적으로 다가가야 개인의 솔직한 본심을 들을 수 있습니다. 진실된 마음을 들어야 문제의 본질에 더 잘 접근할 수 있고요. 본질에 접근해야 문제를 해결할 수 있는 가능성도 더 높아집니다.

당신이 한 조직을 이끄는 팀의 리더라면 이런 집단 극화 현상과 동조 현상을 잘 참고해서 팀을 이끌어 보세요. 솔직한 마음과 올바른 해결책을 얻고 싶다면 개인적으로 접근해야 합니다. 그리고 당신이 조직의 부서원이라면 개인적으로 자기 의견을 전달해 보세요. 1:1로 얘기해 보거나 메일 또는 메시지로 자신의 솔직한 의견을 전달해 보시기 바랍니다.

사회적 태만
Social loafing

무임승차하는 그가
꼴 보기 싫고 얄밉습니다.

　태만(怠慢)이란 열심히 하려는 마음이 없는 게으른 상태를 의미합니다. 한마디로 농땡이를 피우는 것이죠. 그런데 이러한 태만은 개인적인 상황뿐만 아니라 사회적 상황에서도 발생합니다.

　예를 들어 향후 5년 사업 전개를 위한 아이디어 회의가 있다고 가정해 봅시다. 참석자는 모두 10명입니다. 10명의 참석자들에게 '자, 이제 아이디어 회의를 시작합시다.'라고 얘기했습니다. 회의는 어떻게 진행될까요? 10명의 참석자가 모두 균등하게 자기 의견을 말할까요? 각 개인에게 따로 물어봤을 때 얻은 의견을 합쳤을 때보다 더 많은 의견을 모을 수 있을까요?

아마 그렇지 않을 것입니다. '내가 굳이 얘기하지 않아도 다른 사람이 말하겠지.'라는 생각이 작용하기 때문입니다. 심리학에서는 이를 사회적 태만으로 설명합니다. 사회적 태만이란 어느 한 집단에 속해 있는 사람들이 집단의 목표를 달성하는 과정에서 개인적 상황에서 노력하는 것보다 집단의 상황에서 노력할 때 각 개인의 노력 수준이 떨어지는 현상을 말합니다.

이러한 사회적 태만 현상은 특히 회사에서 자주 접할 수 있죠. 회사는 사람들이 모인 집단입니다. 회사의 이익 실현이라는 공동의 목표를 위해 개인들이 모인 집단입니다. 그리고 공동의 목표를 추구하는 과정에서 무임승차자Free rider는 반드시 나타나기 마련입니다.

한 팀이 우수한 실적으로 팀 단위 상을 받는 경우가 있죠. 그때 저는 그 팀을 축하해 주면서 동시에 이런 생각도 듭니다. '과연 저 팀의 모든 팀원들이 동일하게 저 성과에 이바지했을까?' 각 팀원이 똑같은 노력으로 동일한 수준만큼 팀의 성과 창출에 이바지하는 것이 가장 이상적이긴 합니다.

하지만 현실은 그렇지 않죠. 팀의 공동 목표 달성을 위해 누군가는 더 많이 고민하고 더 빠르게 행동하며 더 깊이 연구합니다. 반면 누군가는 덜 노력하고 덜 신경 쓰고 덜 움직입니다. '내가 좀 덜 해도 그만큼 누군가가 더 하겠지.'라는 마음으로 말이죠.

저와 함께 한편이 되어 줄다리기를 했던 분들께는 죄송한 고백 한 가지를 하겠습니다. 솔직히 저는 줄다리기를 할 때 최선을 다하지는 않습니다. 왜냐하면 밧줄을 세게 움켜쥐고 힘껏 잡아당기다 보면 손이 아프거든요. 팔도 욱신욱신하고요. 그래서 줄다리기 경기에 되도록 참가하지 않으려고 합니다. 부득이 참여해야 하는 경우에는 힘을 들이는 '연기'만 합니다. 그렇게 해도 내 힘이 전체 경기 결과에 큰 영향을 준다고 생각하지 않기 때문이죠.

문제는 '만약 모두가 이런 생각을 하면 어떻게 될까?'입니다. 모두가 저처럼 줄다리기할 때 힘을 쏟아붓는 연기만 한다면 팀이 과연 어떻게 될까요? 아마 경기 시작 휘슬이 울리자마자 상대편 쪽으로 끌려가 내동댕이쳐질 것입니다.

사회적 조직적 차원에서도 마찬가지입니다. 모두가 사회적 태만 행동을 한다면 그 팀 또는 조직은 금방 무너지게 됩니다. 그 누구도 줄을 당기려 하지 않는다면 그 경기는 시작도 하기 전에 지는 것입니다. 만약 이 글을 읽는 당신이 한 조직의 리더라면 이러한 사회적 태만 효과가 발생하지 않도록 노력해야겠죠.

어떻게 하면 사회적 태만 효과를 방지할 수 있을까요? 개인별 목표 및 동기 부여를 강조하는 것입니다. 전체 목표를 달성할 수 있도록 각 개인의 목표를 구조적으로 설계하여 개인별 목표를 제공하고 동기를 부여해야 합니다.

'인형 눈 붙이기 작업'을 예로 들어 볼게요. 1시간에 100개의 인형에 눈을 붙일 수 있는 능력을 가진 사람들이 있다고 생각해 봅시다. 이제 작업을 시작할 시간입니다. "개인별로 1시간에 최소 100개의 인형에 눈을 붙여 주세요."라고 말할 수도 있고 "(10명에게)자, 여러분 모두 힘을 합쳐서 1시간 내에 1,000개의 인형에 눈을 붙여 주세요."라고 말할 수도 있습니다.

어느 경우에 더 많은 인형들이 눈을 갖게 될 것이라 예상하세요? 저는 개인별로 100개의 인형에 눈을 붙이는 경우가 더 큰 성과를 달성할 수 있다고 생각합니다. 10명에게 1,000개의 인형 눈을 다 함께 붙이도록 하면 그 안에 분명히 꾀를 부릴 사람이 나올 수 있기 때문이죠. 살살 눈치를 봐 가며 70개, 80개만 붙이고 100개를 붙인 듯 연기하는 사람이 있다는 뜻입니다.

이처럼 전체적 성과 창출을 위해서라면 목표는 가급적 팀이 아닌 개인 단위로 부여해야 합니다. 하지만 모든 일을 개인적으로 운영하라는 말은 아닙니다. 인형 눈 붙이기처럼 단순 작업의 경우에는 개인 단위 목표를 주는 쪽이 좋습니다.

하지만 전략 개발, 문제점 해결, 아이디어 도출 같은 좀 더 창의적이고 고차원적인 업무를 수행하는 경우에는 팀 단위로 목표를 부여하는 쪽이 좋습니다. 그리고 그 과정에 조직 구성원이 직접 참여하게끔 하는 방식도 좋고요. 서로의 의견을 교환하며 자기 의견도 발전시킬 수 있기 때문입니다. 처한 환경에 따라 문제의 난이도에 따라 개인별로 목표를 부여할 것인지, 팀 단위로 부여할 것인지 잘 판단하도록 합시다.

방관자 효과
Bystander effect

'내가 아니어도 다른 사람이 하겠지' 하다 보면 아무도 안 합니다. 

누군가 길을 가다가 서류 뭉치를 떨어뜨렸다고 가정해 봅시다. 서류 뭉치가 길바닥에 널브러져 다시 주워 담는 데 시간이 꽤 걸릴 듯하네요. 길에 사람은 많습니다. 때마침 그곳을 지나가던 당신이 그 장면을 목격합니다. 이런 상황에서 가던 길을 멈추고 선뜻 도움의 손길을 내밀 수 있나요? 함께 흩어진 종이 뭉치를 주워 줄 수 있나요?

많은 사람이 그런 경우에 얼른 나서기는 쉽지 않을 것입니다. 물론 모두들 바빠서 그럴 수도 있죠. 하지만 이보다 더 중요한 이유가 있습니다. '내가 아니어도 누군가 도와주겠지.' 하는 심리가 작동하기 때문입니다. 이처럼 주위에 사람들이 많을수록 어려움에 처한 사람을 돕지 않게 되는 현상을 심리학에서는 방관자 효과라고 합니다.

우리는 방관자 효과를 일상에서 꽤 자주 경험할 수 있습니다. 참석자가 30~40명이 넘는 전체 회의에서 사장님이 질문이 있으면 질문해 보라고 하실 때, 행사 진행자가 해변 마술 쇼에서 누가 마술을 좀 도와주겠느냐며 지원자를 요청할 때, 수많은 인파가 오가는 복도에 떨어져 있는 쓰레기 한 조각을 볼 때 우리는 속으로 생각합니다. '나 말고 다른 사람이 하겠지.'

하지만 모두가 이런 생각을 하고 있으면 어떻게 될까요? 아무도 행동하지 않을 것입니다. 반응을 보인다 하더라도 시간이 걸리겠죠. 반응을 보이는 데 시간이 걸리면 안 되는 일들이 있습니다. 길거리에서 위기에 처해 있는 행인을 볼 때, 단톡방에서 긴급한 질문을 받을 때, 누군가 먼저 나서서 따뜻한 사랑을 주어야 할 때, 이러한 순간에는 지체 없이 행동해야 합니다. '나라도 먼저 하자.'라는 생각을 가져야 합니다. 그래야 불필요한 지체와 시간 낭비를 막을 수 있습니다.

만약 당신이 상대방의 빠른 행동을 바란다면 어떻게 해야 할까요? 그때는 개인적이고 구체적으로 요청하는 것이 효과적입니다. 팀장인 당신이 팀 주간 회의를 주재합니다. "다음 주부터 내년도 경영 전략 발표를 준비합시다. 지난 발표 자료도 찾아보고 경쟁사 동향도 파악해 보세요. 다음번에 다시 모일 때까지 최선을 다해 봅시다." 이렇게 말하고 회의를 끝냅니다. 당신은 '모두'에게 요청했지만 '아무도' 하지 않을 확률이 높습니다.

그럴 때엔 이렇게 말해야 합니다. "경영 전략 발표를 준비해 보도록 합시다. 지난 자료 조사는 김 대리가, 경쟁사 동향 파악은 최 과장이 맡아 주세요. 그리고 총괄 준비는 박 차장님이 해 주시면 감사하겠습니다. 금주 금요일 팀 회의에서 초안을 함께 볼 수 있도록 준비 부탁합니다."

어느 날 길거리에 쓰러져 있는 누군가를 발견합니다. 방관자 효과를 극복하고 당신은 쓰러져 있는 그 사람에게 달려갑니다. 그리고 구경하는 사람들을 바라보며 소리칩니다. "누가 AED(자동 심장 충격기) 좀 가져다주세요. 그리고 누구든 119에 신고 좀 해 주세요." 이렇게 말하면 아무도 하지 않을 가능성이 높습니다. '내가 해야 하나? 다른 사람이 하려나?' 하고 생각하기 때문입니다. 두루뭉술한 외침은 두루뭉술한 반응밖에 기대할 수 없습니다.

그런 경우엔 "거기 빨간 옷에 안경 쓰신 분! AED 좀 가져다주시고요. 그 옆에 하얀색 가방 들고 있는 여학생은 119에 신고 좀 해 주세요."라고 말해야 합니다. 이렇게 구체적으로 요청할 때 사람들은 방관자가 아닌 참여자가 됩니다. 방관자 효과에서 벗어날 수 있는 좋은 방법입니다.

다수에게 무엇인가를 요청할 때는 특정인을 거론하며 요청해 보세요. 쓰레기가 길거리에 떨어져 있다면 당신이 먼저 다가가 주워 보세요. 질문을 받으면 먼저 나서서 대답해 보세요. 누군가 도움이 필요해 보이면 앞장서서 도와드려 보세요.

당신이 먼저 나서면 세상도 움직이기 시작합니다. 방관자보다 참여자가 더 많아질 때 세상은 더 따뜻해집니다. 당신이 나서는 만큼 세상은 따뜻해집니다.

I'll do it!

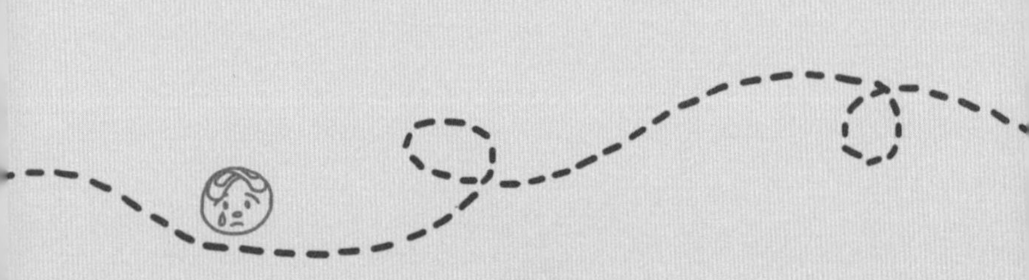

내가 내게 주는
마음에 쏙 드는 위로

실존주의 심리 치료
Existential psychotherapy

죽음을 생각하고
삶의 진정한 의미를 찾습니다.

실존주의 심리 치료자들은 개인의 삶에 가장 많은 영향을 미치는 요소는 실존적 불안이라고 얘기합니다. 그 실존적 불안은 4가지 실존적 조건들 죽음, 자유, 고독, 무의미함에 뿌리를 두고 있다고 생각합니다. 사람들이 가장 두려워하고 생각하기 꺼리는 죽음에 관해 얘기해 볼까 해요.

우린 살면서 누구나 한 번쯤은 죽음을 경험합니다. 프랑스 사상가인 몽테뉴^{Montaigne}가 얘기했던 것처럼 우리는 태어나면서부터 죽음을 향해 갑니다. 지인의 죽음, 유명인의 죽음, 전혀 알지 못하는 사람의 죽음 등을 가까이에서 또는 멀리서 접합니다. 그리고 언젠가는 그 죽음을 내가 직접 경험합니다.

죽음에 대한 얘기로 좀 우울해지셨나요? 하지만 우울해하거나 의기소침해하지 마세요. 죽음을 어떻게 피할 수 있느냐를 고민하는 것은 의미가 없습니다. 죽음은 누구도 피할 수 없기 때문입니다. 그 대신 죽음을 어떻게 대하고 받아들일 것인지가 중요합니다. 당신은 가까이에서 죽음을 경험해 보신 적이 있나요? 그랬다면 그 죽음에 대해서 어떻게 대처했었나요?

심리학자 엘리자베스 퀴블러-로스Elisabeth Kübler-Ross는 사람이 죽음을 받아들이는 과정을 '부정-분노-타협-우울-수용'의 5단계로 설명하고 있습니다.

1단계인 부정은 말 그대로 부인하는 단계입니다. '아니야, 그 사람이 죽었을 리가 없어. 사람들이 뭔가 잘못 알고 있을 거야.' 하는 등의 반응을 보입니다. 죽음 자체를 인정하지 않는 것이죠. 다음 2단계는 분노입니다. '아니, 도대체 왜 그 일이 내게 일어난 거야? 도대체 무얼 잘못해서 그런 거냐고!'와 같은 반응입니다. 화가 나고 분통이 터지는 단계를 말합니다.

3단계는 타협입니다. 여기서는 결국 죽음을 인정합니다. 대신 지푸라기라도 잡는 심정으로 기원하는 것이죠. '좋아. 그 사람을 이제 볼 수 없는 건 인정해. 그러면 그 사람의 죽음을 애도할 수 있도록 그 사람이 사용했던 물품만은 내게 돌려줘.'와 같은 마음을 먹는 단계입니다. 4단계는 우울입니다. 그 사람의 죽음이 차츰 나의 현실과 일상 속으로 다가옵니다. 그러한 과정을 거치며 그 죽음이 차츰 내 감정의 일부가 되어 가죠. 슬프고 좌절하는 감정이 온

몸에 고스란히 느껴지는 과정입니다.

마지막 5단계는 수용입니다. 그의 죽음을 이제는 완전히 받아들이게 됩니다. 떠나간 이에 대한 감정은 아직 남아 있지만 그의 죽음으로 인해 나의 오늘과 미래가 방해를 받지는 않습니다. 떠난 사람을 기억하되 얽매이지는 않는 것이죠. 그의 죽음과 나의 삶이 이어지지 않은 듯 하나로 이어지는 단계입니다.

물론 우리가 모든 죽음을 5단계 그대로 다 거치진 않습니다. 우울감이 먼저 나타나고 뒤이어 분노가 발생하기도 합니다. 타협의 과정 없이 바로 우울과 수용의 단계로 향하기도 하죠. 중요한 것은 죽음을 대하는 단계별 순서가 아닙니다. 언젠가 주위 사람의 죽음을 경험할 때 우리도 이러한 단계를 거칠 수 있겠구나 하고 미리 알아 두는 것이 중요합니다. 미리 알아 두면 누군가의 죽음을 경험하는 그 순간 조금이라도 더 의연하게 대처할 수 있을 거예요.

생각지도 못했던 상황을 처음 접하게 되면 누구나 당황스럽고 주저앉게 되잖아요. 너무나 생소해서 그대로 주저앉아 버릴 수도 있습니다. 다시 일어서는 데에는 더 많은 노력과 시간이 필요할 수도 있고요. 더욱이 처음 대하는 누군가의 죽음이라면 훨씬 더 많은 노력과 시간이 필요할 것입니다.

그런 만큼 죽음에 대해 미리 준비하는 마음도 가끔은 필요합니다. 타인의 죽음뿐만 아니라 나 자신의 죽음도 말이죠. 죽음에 대해서 생각하는 것은 곧 삶에 대해서 생각하는 것입니다. 죽음을 통해 더욱 의미 있고 보람된 삶에 대해서 깊게 고민해 볼 수 있습니다. 죽음을 위한 것이 아니라 삶을 위한 자세입니다.

실존주의 심리학자 크루거^{Krueger}와 한나^{Hanna}는 이렇게 말했습니다. "죽음에 대한 공포는 죽음을 회피하는 사람에게는 무력감을 초래하지만, 죽음의 불가피성을 수용하는 사람은 죽음의 회피로부터 유래하는 진부한 삶에서 해방될 수 있다는 점에서 죽음은 역설적 특성을 지니고 있다."

죽음의 존재를 받아들이는 사람은 오히려 삶의 진정한 의미를 발견해 갈 수 있다는 뜻입니다. 죽음을 생각하고 삶의 진정한 의미를 받아들이는 것이죠. 물론 죽음이라는 녀석은 우리에게 우울감을 주고 절망감을 주기도 합니다. 그렇다고 해서 죽음이 나와는 거리가 먼 것이라고 생각하며 죽음을 피하거나 그 존재 자체를 부정하면 안 됩니다. 죽음에 대한 자신만의 생각과 느낌을 명확히 정리해 두어야 합니다.

죽음에 대한 자기 철학을 만들어 두세요. 죽음에 대한 확고한 철학이 있다면 어느 날 갑가지 죽음이란 녀석이 당신의 주위 사람을 데려가더라도 큰 절망감과 좌절감으로 오랫동안 무너져 있지 않을 수 있습니다. 아무런 준비가 되어 있지 않다면 죽음이 원하는 대로 죽음이 시키는 대로 당할 수밖에 없습니다.

자기 죽음에 대해 좀 더 의연하게 대처할 수 있도록 도움을 주는 명문장 하나를 소개해 드립니다.

죽음이란 우리에게 아무것도 아니다. 왜냐하면 우리가 존재할 때는 죽음이 오지 않을 것이고 죽음이 올 때는 우리가 존재하지 않을 것이기 때문이다.

– 에피쿠로스Epikuros, 고대 그리스 철학자

맞는 말인 것 같아요. 궤변처럼 들릴지도 모르지만 죽음을 두려워할 필요는 없다는 것입니다. 죽음을 경험하는 순간에는 더 이상 나도 존재하지 않으니까요. 더는 존재하지 않는다는 사실이 좀 두렵기도 하지만 존재하지 않는 그 순간에는 두려움도 없습니다.

타인의 죽음은 다르죠. 소중한 타인의 죽음을 경험하면서 접하는 슬픔과 좌절감은 내가 존재하는 동안 계속 느끼게 됩니다. 나 자신의 죽음보다는 오히려 타인의 죽음에 대해 의연하게 대처하는 자세가 더 중요하다고 할 수 있습니다.

아들러의 개인주의 심리학
Individual psychology

내 안의 열등감을 인정하면
우월감을 얻을 수 있어요. 

사람은 누구나 열등감이 있기 마련입니다. 키가 작다는 열등감, 가난하다고 생각해서 느끼는 열등감, 능력이 처지는 것 같아서 느끼는 열등감, 운동 신경이 부족해서 느끼는 열등감. 이처럼 우리가 살면서 느낄 수 있는 열등감의 종류는 수없이 많습니다. 이런 열등감이란 누군가 비교할 대상이 있기에 느끼는 상대적 감정입니다. 비교 대상이 없다면 열등감을 느낄 수도 없을 것입니다.

열등감은 제게도 있습니다. 여러 가지가 있지만 가장 오래된 열등감이 바로 제 발가락입니다. 제 발가락을 보면 한눈에 뭔가 특이하다는 것을 금세 알아차릴 수 있습니다. 발이 심하게 짝짝이거든요. 제 신발 사이즈는 보통 290~300mm로 매우 큰 편에 속합니다. 그래서 구두를 사더라도 기성품은 거의 살 수가 없습니다. 구두 매장에 가서 우선 원하는 디자인을 고른 후 주문 제작을 의뢰합니다. 그런 다음 약 1~2주 후에 신발을 찾으러 가는 식입니다.

운동화도 마찬가지입니다. 운동화는 그 순서가 반대입니다. 운동화 매장에서는 디자인을 미리 고르면 안 됩니다. 먼저 300mm 사이즈가 있는지 물어봅니다. 300mm 사이즈가 있는 디자인 중에서 상품을 골라야 합니다. 선택의 폭이 일반인들에 비해 굉장히 좁은 것이죠. 어찌 되었건 신발 매장에 있는 직원들이든 주변 사람들이든 처음 제 발 사이즈를 들으면 모두 깜짝 놀라곤 합니다. "네? 300mm요? 진짜요?"

제 왼쪽 발가락 중에서 가운데 두 개가 보통 사람들의 발가락에 비해 무척 깁니다. 짝짝이라고 해도 꽤 심각한 짝짝이입니다. 어린 시절부터 저는 이런 짝짝이 발이 무척 싫었습니다. 못생긴 발이 너무 창피했습니다. 이런 발가락을 주신 부모님이 원망스럽기도 했고요.

친구들과 수학여행을 가서 함께 어울릴 때가 정말 고역(苦役)이었습니다. 못생긴 발가락을 친구들에게 보여 주기가 싫었거든요. 친구들 집에 놀러 갈 때도 신발을 벗어야 하는 상황이 걱정스러웠습니다. 목욕탕에서 사람들이 제 발가락을 보는 것도 무척 신경 쓰였죠. 여름에 샌들을 마음껏 신고 다니는 사람들이 그렇게 부러울 수 없었습니다. 저는 어렸을 적 여름에 샌들을 신어 본 기억이 거의 없습니다.

올해로 저는 마흔 살이 되었습니다. 예전에 비해서는 못생긴 제 발가락에 대한 창피함이 그나마 덜해진 것을 느낍니다. 요즘엔 가끔씩 샌들을 신고 지하철도 타니까 말이죠. 물론 타인의 시선들에서 완전히 자유롭다고 할 수는 없습니다. 지금도 여전히 왼쪽 발가락에 신경은 쓰입니다. 하지만 어린 시절에 비해서는 보다 당당해진 저를 느낍니다.

심리학자 알프레드 아들러는 인간은 누구나 열등감을 가지고 태어난다고 했습니다. 사람은 누구나 타고난 기질적 불완전성이 있다는 말입니다. 여기서 열등감이 발생하고요. 인간은 그 열등감에 대한 보상으로 우월감을 추구하며 살아가는 존재라고 합니다. 우리는 우월감을 추구하는 과정에서 누구나 안에 가지고 있는 그 열등감을 극복해야 합니다. 열등감을 극복하기 위해서는 우선 그 열등감을 인정부터 해야 하고요.

제게는 발가락에 대한 열등감만 있는 것이 아니었습니다. 다른 또래들에 비해 가난한 집에서 태어났다는 열등감, 타고난 똑똑한 머리는 아니라는 열등감, 이 모든 것들이 제 안에서 오랫동안 저와 함께해 왔습니다. 지금도 그 열등감들은 제 안에 남아 있지만 예전에 비해 달라진 것이 하나 있어요. 바로 열등감 자체를 인정하고 바라볼 수 있게 되었다는 점입니다.

어릴 적엔 이러한 열등감을 마주보는 것 자체가 너무 힘들었습니다. 열등감을 인정하고 나니 열등감을 똑바로 마주 볼 수 있었습니다. 그전에는 열등감을 올곧이 바라볼 수 없었어요. 내 안의 열등감을 인정하는 순간, 자신이 정말 못난이가 되는 것 같은 느낌이 들었기 때문이죠. 아마도 그런 느낌이 싫어서 열등감을 인정하지 않았었나 봅니다.

하지만 열등감을 인정하면서부터 내 안의 감정들이 보이기 시작했습니다. 감정과 열등감이 보이니 좀 더 자세히 들여다볼 수 있었죠. 그 열등감의 정체는 무엇인지, 어디서 온 것인지, 앞으로 그 열등감을 어떻게 대해야 하는지 잘 살펴볼 수 있었습니다. 그러한 과정을 통해 열등감이란 것 역시 나 자신의 일부였다는 점을 깨달았습니다. 내가 무조건 부정하고 떼어 낼 수 있는 것이 아님을 알게 되었죠. 스스로 한 단계 성숙해진 느낌이었습니다. 이 세상에는 완벽한 사람이 없다는 것도 알게 되었고요.

지금은 자신 있게 이렇게 말할 수 있습니다. 우리가 보기에 완벽하다고 생각하는 사람조차 다들 열등감을 가지고 있다고요. 세상 사람들 중에 열등감을 가지고 있지 않은 사람은 없다고 생각합니다. 다만 그 열등감을 인정하는 사람과 인정하지 않는 사람이 있을 뿐입니다. 그 열등감의 존재를 인정하고 그것을 극복하고 우월감을 추구하며 살아가느냐 마느냐의 차이만 있을 뿐입니다.

열등감은 기쁨과 슬픔처럼 자연스러운 우리 감정의 한 형태입니다. 열등감이 없다는 건 감정 자체가 없다는 말과 같습니다. 그런데 감정이 없는 사람이 어디 있나요? 열등감, 그 자체를 인정하고 받아들여 봅시다. 열등감을 극복하고 우월감을 추구하는 과정에서 삶의 보람과 행복을 느낄 수 있습니다.

당신 안에 숨어 있는 열등감이 무엇인지 곰곰이 생각해 보세요. 지금껏 오랜 시간 함께해 왔지만 애써 바라보지 않으려 했던 열등감이 무엇인지 떠올려 보세요. 그 열등감을 극복하기 위해 어떤 노력을 하고 있는지, 앞으로 어떠한 노력을 더 기울일 수 있는지도 생각해 보세요. 그렇게 노력하며 당신은 열등감 극복을 위한 에너지를 얻을 수 있고 우월감을 향해 더욱 의미 있는 삶을 살아갈 수 있습니다.

이기적 편향
Self-serving bias

잘되면 내 탓, 잘못되면 네 탓

우리 주위를 둘러보면 뭔가 일이 잘못되었을 때 남 탓, 환경 탓을 하는 사람들을 볼 수 있습니다. "우리는 비용을 더 들일 생각이 없었는데, 경쟁사가 돈을 너무 많이 쏟아붓는 바람에 어쩔 수 없이 마케팅 비용이 증가했잖아." "엄마는 화를 낼 마음이 없었는데, 네가 말을 안 듣고 네 맘대로 하니까 화낸 거잖아." "차 사고가 나는 바람에 길이 막혀 버렸어. 그래서 어쩔 수 없이 지각했네." 이 모든 말들의 공통점은 내가 한 말과 행동의 원인이 모두 상대방이나 환경에 있다는 것입니다.

심리학에서는 이처럼 어떤 안 좋은 행동이나 결과의 원인을 내가 아닌 다른 환경으로 돌리는 것을 이기적 편향이라고

합니다. 말 그대로 자기 위주로 판단하는 것입니다.

이기적 편향의 목적은 자신의 마음 보호입니다. 안 좋은 결과에 대한 원인을 내부나 자기가 아닌 외부 혹은 환경에서 찾기 때문에 자신의 마음은 좀 더 편안해질 수 있습니다. 안 좋은 결과에 대한 죄책감을 조금이라도 덜 수 있는 것이죠. 상황 때문에 어찌할 수 없었다는 겁니다.

문제는 안 좋은 결과에 대한 모든 원인을 외부에서만 찾으면 발전할 수 있는 기회를 놓치게 된다는 점입니다. 수십, 수백 대 일의 경쟁률을 자랑하는 공무원 시험을 예로 들어 보겠습니다. 공무원 시험에서 떨어졌다 칩시다. '아, 나는 원래 합격할 만한 실력인데 이번에 경쟁률이 유난스레 너무 높았어.' '시험 볼 때 감독관이 너무 마음에 안 들었어. 내 주위만 맴도는 것 같았거든.' '내가 집중해서 보지 않은 분야에서만 잔뜩 출제되었어. 내가 주로 공부했던 분야에서 많이 나왔으면 거뜬히 합격했을 텐데.'

자꾸 이렇게 문제의 원인을 외부에서만 찾다 보면 자신은 별로 개선할 게 없다고 생각하게 됩니다. 개선할 것이 없다고 생각하면 당연히 그만큼 노력도 덜 하게 되겠죠. 노력하지 않으면 실제 실력 향상의 기회는 날아가 버리게 됩니다. 다음에도 실패할 확률이 높아지게 되는 것이죠. 그때 가서 또 외부 환경 탓을 하게 될 겁니다.

원하는 결과를 얻기 위해서는 어느 정도 문제의 원인을 자신에게서 찾아야 합니다. 경쟁률이 아무리 높았어도 그 와중에 합격하는 사람들은 있습니다. 아무리 마음에 들지 않는 시험 감독관이 나타났다 할지라도 감독관에 따라 시험 성패가 좌우되지 않는 사람들이 있습니다. 시험 출제자는 내가 공부한 부분에서만 문제를 골라 출제할 이유가 없습니다. 어떠한 환경에도 흔들리지 않는 탄탄한 실력 향상이 합격의 가장 중요한 요소입니다.

실질적인 실력의 향상 없이 자신이 원하는 좋은 결과를 얻을 수는 없습니다. 원하는 결과를 얻지 못할 때 '내 실력이 아직 개선될 여지가 있는 것이다.'라고 긍정적으로 생각하는 습관을 가져야 합니다. 그러면 더 노력하고 부족한 부분을 더욱 보완할 수 있습니다. 그래야 원하는 결과를 이루어 낼 수 있겠죠.

그렇다고 해서 안 좋은 결과를 전부 내 탓으로만 돌리는 것도 금물입니다. 가끔 승진에서 누락되어 풀이 죽은 직장 동료들을 볼 수 있습니다. 저 역시 마음이 무척 아픕니다. 더 안타까운 점은 승진 누락의 원인을 주로 자기 자신에게서만 찾는다는 것이죠. '이번에 승진에서 누락되었어. 난 정말 실력이 없는 사람인가 봐.' 이런 분들을 보면 아쉬운 생각이 들 때가 많습니다. 제가 보기엔 정말 실력 있는 사람들이거든요.

승진은 꼭 실제 실력과 비례하는 것이 아니라는 생각도 듭니다. 회사 전체 실적, 평상시 대인 관계, 승진 대상자의 TO(정원) 등 여러 환경적 요인이 더 중요하다는 생각이 들거든요. 어쩌면 한마디로 운이 더 중요하다고 할까요. 이러한 운은 직급이 올라갈수록 더 많이 작용한다고 생각합니다. 물론 어느 정도의 기본적 실력은 갖추고 있어야 하겠지만요.

진급해야 마땅하지만 어떤 환경적 요인들에 의해 진급이 안 된 사람들을 보면 저는 그들에게 이런 식으로 얘기합니다. "단지 운이 없었을 뿐입니다. 제가 진급을 결정할 수 있는 사람은 아니지만 당신은 진급하고도 남을 사람입니다. 그러니 힘을 내시기 바랍니다." 외적인 요인에서 원인을 찾도록 도움을 주는 것입니다. 이는 개인의 능력이 부족했음을 이야기하는 것보다 환경적으로 어쩔 수 없었음을 강조하는 것입니다. '당신이 실력을 더 키우면 되지'라고 말하는 것보다 훨씬 힘이 되고 격려가 되는 말이라고 저는 믿습니다.

마음에 들지 않는 평가를 받고 좌절하는 누군가가 있다면 이렇게 대충 환경 탓으로 돌리게끔 도와주세요. 단, 오만함으로 넘어가지 않는 적당한 선에서 말이죠. 너무 남의 탓, 환경 탓만 하면 스스로 노력을 게을리할 수도 있기 때문입니다. 결과에 따라 남 탓, 내 탓을 적절히 혼용해야 합니다. 내 힘으로 할 수 있었던 것은 내 탓, 내 힘으로 어찌할 수 없었던 것은 네 탓 또는 환경 탓으로 돌리는 유연한 사고가 필요합니다.

아리스토텔레스Aristoteles의 '중용(中庸)'이라는 개념이 생각나네요. 그는 "누구에게나 있는 욕망이 우리의 현실 세계를 그대로 지배하게 두어서는 안 된다. 부족과 과도(過度)의 사이에서 조정되어야 한다."라고 말했습니다. 즉, 너무 남 탓을 하지도 않고 지나치게 내 탓을 하지도 않는 중용의 자세를 생각나게 합니다. 그것이 진정 우리가 발전하고 만족감을 느낄 수 있도록 제대로 '탓'하는 방법입니다.

게슈탈트 심리학
Gestalt psychology

내 욕구는 내가 챙겨야 합니다.
그래야 건강해질 수 있습니다. 

    1+1이 2 이상이 되는 경우가 있죠. 부분과 부분의 합이 단순히 물리적인 합이 되는 것을 떠나 그 이상이 되는 것을 말합니다. 시너지 효과Synergy effect가 가장 대표적인 경우라고 할 수 있겠네요. 개개인이 아이디어를 낼 때보다 함께 모여 고민할 때 더 좋은 아이디어가 나오는 경우처럼 말이죠. 혼자 있을 때는 잘 떠오르지 않던 아이디어를 다른 사람의 아이디어를 통해 발전시킬 수도 있고요. 이러한 시너지 효과는 개별적인 독립 형태보다는 전체적인 통합 형태가 더 효율적일 수 있다는 사실을 보여 줍니다.

    상담 심리학에도 이처럼 전체적인 형태를 강조하는 이론이 하나 있는데요. 게슈탈트 심리 치료법입니다. 게슈탈트란 독일어로 '전체적인 형태'를 의미합니다. 전체적인 형태란 부분과 요소를 의미 있게 통합하고 조직하는 것을 말합니다. 말이 좀 어렵죠? 프리츠 펄스Fritz Perls라는 심리학자가 게슈탈트를 조금 새롭고 쉽게 정의합니다. 그는 게슈탈트를 '유기체가 지각한 자신의 행동 동기 또는 욕구'라고 좀 더 구체적으로 규정합니다.

더욱 쉽게 설명해 볼게요. 내가 배고픔을 느낀다고 가정해 봅시다. 배고픔을 느낀다고 해서 항상 바로 밥을 먹고 싶다는 욕구로 이어지지는 않습니다. 누군가는 배고픔을 느끼지만 이별의 상처 때문에 입맛이 없을 수도 있습니다. 또 누군가는 배고픔을 느끼지만 다이어트 중이라 밥을 먹고 싶은 욕구보다 살을 빼고 싶은 욕구가 더 클 수도 있습니다. 또 어떤 이는 배고픔을 느끼지만 할 일이 너무 많아 정신이 없어서 제대로 배고픈 욕구를 알아차리지 못할 수도 있습니다.

쉽게 말하면 '배고픔'이 '밥을 먹고 싶다'라는 실제적 욕구로 이어질 때 이 욕구를 '게슈탈트'라고 할 수 있는 것입니다. 즉, 단순한 '배고픔'이 아닌 '배고파서 뭔가를 좀 먹어야겠다.'라는 욕구가 게슈탈트입니다. 마찬가지로 단순한 '목마름'이 아닌 '물을 마시고 싶다'라는 욕구가 게슈탈트입니다. 다시 말해 게슈탈트는 단순한 욕구가 아니라 실제 행동으로 옮길 만한 의지가 곁들여진 욕구입니다.

펄스는 이러한 게슈탈트를 알아차리지 못하거나 혹은 깨닫더라도 그 욕구를 해결하지 못했을 때 미해결 과제로 남는다고 얘기합니다. 배고픔이 있었지만 너무 바빠서 그 배고픔을 알아차리지 못했던 경우가 그렇습니다. 또는 배고픔은 느꼈으나 밥 먹을 시간이 안 되서 그냥 굶은 경우라면 게슈탈트가 미해결된 과제 상태로 남아 있는 것입니다.

게슈탈트는 단순히 배고픔, 목마름 등 일차원적 욕구에 머무르지 않습니다. 누군가를 떠올릴 때 왠지 모르게 미안한 생각이 드는 사람이 있습니다. 그 대상이 어머니일 수도 있고 가까운 친구 중 누군가일 수도 있습니다. 아니면 예전 학창 시절 담임 선생님일 수도 있겠죠. 어쩐지 미안한 생각이 든다는 것은 그 사람에 대한 미안한 감정을 해결하고 싶은 마음이 있는 상태입니다. 미해결된 과제가 있다는 뜻이죠.

그런데 내가 그 사람에게 정말 미안한 느낌을 갖고 있는 것이 맞는지, 만약 맞는다면 왜 그렇게 느끼고 있는지를 모릅니다. 게슈탈트 심리학에서는 이러한 상태를 건강하지 못한 상태로 정의합니다. 즉, 자신이 왜 그런 마음을 가지게 되었는지 모르며 자신이 무엇을 원하는지 제대로 모르는 혼란스러운 상태를 의미하는 것입니다. 게슈탈트 심리학자들에 의하면 심각한 경우에는 정신 장애를 초래할 수도 있다고 합니다. 게슈탈트 심리학에서는 건강한 사람을 다음과 같이 정의합니다.

건강한 사람이란 자신이 무엇을 하고 싶은지 명확히 알아차리고 그것을 실행으로 옮기는 사람이다.

따라서 게슈탈트적으로 건강한 사람은 미해결된 과제가 거의 남아 있지 않은 사람이라고 할 수 있겠네요. 매 순간마다 내가 무엇을 원하는지를 깨닫고 그것을 실행으로 옮겨 내 안의 과제들을 해결하는 사람을 말합니다.

주위에 보면 이런 사람들 있잖아요. '아, 당이 좀 당기네. 몸에 당을 보충해 줘야 할 시간이야.' 하며 편의점으로 달려가 초코바를 한 입 베어 무는 사람. '아, 이제 나를 위해 떠날 때가 된 것 같아.'라며 다음 달 여행을 위한 비행기 표를 끊는 사람. '내가 우리 엄마한테 괜히 미안한 마음이 있었어. 가만히 생각해 보니까 아마도 지난 추석 때 용돈을 넉넉히 못 드렸던 것이 마음에 걸려서 그랬나 봐. 이번 설 때는 두둑이 챙겨 드려야겠어.' 이런 사람들이 게슈탈트 관점에서 건강한 사람이라고 할 수 있습니다. 자신의 욕구를 그때그때 잘 알아차리고 그 욕구들을 해결하기 위해 그에 걸맞게 착착 실행하는 사람들 말이죠.

그렇다고 해서 내게 어떤 욕구가 일어날 때마다 무조건 그 욕구를 바로 실행으로 옮긴다면 그것 또한 곤란할 것입니다. 즉, '매 순간마다 네가 하고 싶은 대로 해라'라는 의미는 아닙니다. 일단은 평소 자기 욕구에 대해 관심을 기울이는 자세가 중요합니다. 내가 무엇을 느끼고 내가 무엇을 원하는지 가만히 들여다보는 자세가 중요한 것이죠. 하지만 바쁜 일상 속에서 내 안에 있는 욕구들을 일일이 다 알아차리기란 쉬운 일이 아닙니다. 망중한(忙中閑)이라고 했나요? 바쁜 가운데서도 자신을 위해 여유 있는 시간을 스스로 만들어 내야 합니다.

> 빅토리아 시대에 여성은 매일 오후 시간에 혼자만의 공간으로 '휴식'을 취했다. 그 시대 여성은 관습에 따라 자신의 욕구와는 상관없이 언제나 다른 사람들에게 뭐가 필요한지 살피는 데 신경을 집중해야 했다. 오후의 휴식 시간은 충실한 청취자와 구원의 천사라는 역할, 자신의 마음을 절대로 표현해서는 안 되는 역할에서 벗어나는 시간이었다. 단순한 구원의 천사와는 거리가 멀었던 플로렌스 나이팅게일Florence Nightingale마저도 가정일이라는 점에서 벗어나 공부하고 글을 쓰려면 신경증을 키워 혼자 침실에 있는 방법밖에는 없다고 생각했다.
>
> — 『 고독의 위로 』앤서니 스토Anthony Storr

내가 나를 잘 아는 것은 매우 중요합니다. 나를 잘 알 수 있게 하는 시간을 스스로 노력해서 마련해야 합니다. 이런 시간들을 어떻게 만들어 낼 수 있을까요? 점심시간을 이용해 회사 근처 공원을 혼자서 산책하는 것도 좋은 방법입니다. 퇴근 후에 마사지를 받으며 여유 속에서 차분히 생각에 빠져 보는 것도 좋은 방법이겠죠. 나 자신의 욕구는 내가 챙겨야 합니다. 내가 내 욕구를 제대로 챙기지 않으면 그 욕구들은 미해결된 과제로 남습니다. 그러한 미해결 과제들은 정확한 이유도 모른 채 내 안에 계속해서 쌓이게 되는 것이고요.

어떤 사람을 볼 때마다 왠지 모르게 불편한 느낌이 드는 사람이 있나요? 그런데 그 이유를 정확히 모르겠다면 아마 그 사람에 대해 미해결된 과제가 있어서 그럴지도 모릅니다. 그 사람에게 자기도 모르게 서운함을 느꼈을 수도 있고요. 그 사람에게 무의식중에 시기심을 느꼈을지도 모릅니다. 불편한 감정을 왜 느끼는지 자신의 감정을 하나하나 파고들어 가다 보면 '아, 이래서 그랬구나.' 하며 뭔가 깨닫게 되는 것이 있습니다. 불편한 감정의 정체를 알았다면 이제는 그 감정을 해결해야겠죠.

방법은 당신이 선택하기 나름입니다. 그 사람을 직접 찾아가 차를 한 잔 마시며 속마음을 얘기해 볼 수도 있고, 아니면 그 사람과의 관계를 최소화해 볼 수도 있습니다. 이는 되도록 접촉을 줄이면서 그 사람에게 불편한 감정을 안 느끼도록 노력해 보는 방법입니다.

처음부터 완전한 해결을 바랄 필요는 없습니다. 상황에 따라 자신의 성향에 따라 내키는 마음에 따라 원하는 방법을 선택하면 됩니다. 어차피 정답은 없거든요. 당신의 마음을 편하게 만들 수 있는 방법이면 됩니다.

모든 욕구를 완벽히 해결하는 것보다 중요한 것은 내 안의 욕구를 제때 알아차리는 일입니다. 그리고 그 욕구를 해결하기 위해 적절한 방법을 통해 제때 해소하는 노력이 필요합니다. 내가 무엇을 원하는지도 모른 채, 내가 왜 이런 기분이 드는지도 모른 채 살아가는 것보다 훨씬 의미 있고 유익한 삶이 될 것입니다.

단순 노출 효과
Mere exposure effect

자주 보니 정들어요. 

심리학에는 단순 노출 효과라는 것이 있습니다. 자주 본 대상이나 자극을 자기도 모르게 긍정적으로 바라보게 되는 현상을 말합니다. 쉽게 말해 '자주 봐서 정드는 것'입니다. 예전에 '볼매'라는 말이 유행했던 적이 있습니다. '보면 볼수록 매력적인 사람'을 뜻합니다. **낯선 사람이라도 자주 보면 볼수록 친근하게 느껴집니다. 이를 심리학에서는 단순 노출 효과로 설명합니다.**

　혹시 마음에 드는 이성이 있나요? 아침 출근길마다 버스 정류장 또는 지하철 승강장에서 규칙적으로 마주치는 사람인가요? 만약 그런 사람이 있다면 그 사람은 당신에게 호감, 아니 최소한 친근감은 가지고 있을 가능성이 높습니다. 당신을 자주 봐 왔기 때문입니다. 당신이 그 사람에 대해 이성적 관심이 있다면 한 번쯤 용기 내어 말을 걸어 봐도 좋습니다. 당신을 아예 처음 볼 때보다는 긍정적인 반응을 기대해도 좋습니다. 당신에 대한 노출 효과 때문이죠.

　광고도 마찬가지입니다. 처음에는 관심 없던 상품도 자주 보다 보면 호기심과 친근감이 생겨납니다. 제게는 한 향수 광고가 그랬습니다. 유튜브에 접속만 하면 '이성을 유혹하는 향수'라는 콘셉트의 광고가 나왔습니다. 처음에는 광고를 건너뛸 수 있는 시간이 되자마자 넘겼습니다. 5번, 10번, 20번 광고를 건너뛰다 보니 그 상품이 궁금해졌습니다. 한 번쯤은 보고 싶었습니다. 처음엔 전혀 관심 없던 상품이지만 수십 번을 보다 보니 자연스레 호기심과 친근감이 증가했던 것이죠. 광고를 보다 거의 구매할 뻔했습니다.

　처음에는 아무런 관심을 끌지 못하지만 계속 보여 주면 눈길을 끌 수 있습니다. 좋아하는 사람이 있다면, 호감을 얻고 싶은 사람이 있다면 반복적으로 당신을 노출하세요. 당신에 대한 호감이 자연스레 높아질 것입니다. 가까워지는 만큼 그 사람의 좋은 점들을 더 많이 발견할 수 있습니다. 하지만 너무 자주 만나고 너무 가깝게 지내는 것은 금물입니다. 좋은 점들을 발견하는 만큼 실망스러운 모습도 쉽게 발견할 수 있기 때문입니다.

　저는 인간관계에서 '적당한' 거리를 유지하려 합니다. 좋은 사람이 있어도 너무 자주 가깝게 지내려 하지 않습니다. 아무리 좋은 물건이 있어도 너무 자주 쓰려 하지 않습니다.

　라면 끓일 때 물은 적당히 넣어야 제맛이고, 역기는 적당히 들어야 근육이 손상 없이 발달합니다. 적당히 일해야 직무 소진^{Job burnout}을 피할 수 있고, 적당히 사랑해야 스토커란 소리도 듣지 않을 수 있습니다. 목재를 접합할 때도 일부러 적당히 틈을 줘야 나중에 수분 때문에 목재가 팽창하여 그 틈을 완벽히 메울 수 있습니다.

　뭐니 뭐니 해도 '적당히'가 가장 중요한 건 '인간관계'라고 생각합니다. 혜민 스님도 말씀하셨죠. 인간관계는 난로처럼 대해야 한다고요. '너무 가깝지도 않고 너무 멀지도 않게' 말이죠. 난로에 너무 가까우면 델 수 있고 너무 멀면 따뜻함을 느끼지 못하죠. 인간관계도 마찬가지입니다. 너무 가깝게 지내면 사람에 델 수 있고 너무 멀면 관계 자체가 소원(疏遠)해집니다. 현악기의 줄들이 함께 있지만 적당히 떨어져 있어 서로 부딪치지 않고 제소리를 낼 수 있죠. 집의 기둥들도 일정하게 거리를 두기에 각각 지붕을 안전하게 떠받들 수 있습니다.

　그뿐인가요. 알고 보면 우리가 지구에서 살 수 있는 것도 지구가 태양과 적당히 떨어져 있기 때문입니다. 유진 서넌^{Eugene Cernan}은 1972년 달 표면을 밟은 우주인입니다. 그가 이런 말을 했죠. "지구는 우주의 오아시스다.”

맞는 말이라고 생각합니다. 태양계 행성 중에 지구에서만 유일하게 생명체가 살 수 있습니다. 금성은 너무 뜨거워서 못 살고 해왕성은 너무 추워서 못 살죠. 지구가 태양과 적당히 거리를 두어 생명체가 살게 하듯 우리도 서로 간에 적당한 거리를 두어야 우리끼리 잘 살 수 있습니다.

하물며 가족도 마찬가지입니다. 적당히 떨어지면 좋다가도 하루 종일 함께 붙어 있을 때 다투게 됩니다. 함께 있지만 각자 자신만의 시간을 가질 때 관계가 더욱 돈독해짐을 느낍니다. 떨어져 봐야 소중함을 알고, 보고 싶은 줄 압니다. 가까우면서도 멀리, 멀리 있으면서도 가깝게 지내고 싶습니다. 사람들과 공전하듯 지냈으면 합니다.

우리가 사계절을 경험할 수 있는 것도 지구가 태양 주위를 때론 가깝게 때론 멀게 돌기 때문입니다. 만약 지구가 항상 같은 거리로 태양 곁에 있다면 지구의 모든 나라가 추운 곳은 항상 춥고 더운 곳은 항상 더웠을 거예요.

마음을 얻고 싶은 사람이 생긴다면 자주 당신을 보여 주세요. 그렇게 자연스레 당신에 대한 호감이 증가하고 나면 좀 더 깊은 관계를 맺어 보세요. 하지만 아무리 좋은 사람이 생겨도 그 사람에게 너무 의존하지는 말기 바랍니다. 아무리 좋아도 거리를 둬야 할 땐 거리를 유지하길 바랍니다.

길을 가다 비가 올 때 나무 밑에서 잠시 비를 피할 수 있죠. 비가 그치고도 나무 밑에 그대로 있다면 나뭇잎에서 떨어지는 비를 맞을 수밖에 없습니다. 비가 그치면 나무 밖으로 나와 가던 길을 가야죠. 사람도 마찬가지입니다. 한 사람에게서 위로를 받았다고 계속 그의 곁에만 머무르면 안 됩니다. 용기를 얻고 힘을 얻은 후엔 가던 길을 가야 합니다. 그렇지 않으면 위로를 받았던 사람에게 위로가 아닌 상처를 받을 수도 있기 때문이죠. 적당히 곁에 있고 적당히 떨어지는 관계 조절이 필요한 이유입니다.

이런 의미에서 진정한 사랑은 항상 함께하는 것이 아니라 적당히 함께하고 적당히 떨어져 바라봐 주는 것이 아닌가 합니다. 한 발짝 떨어져 있지만 눈은 변함없이 그에게 향하고 싶습니다.

보이지 않는 고릴라

Invisible gorilla

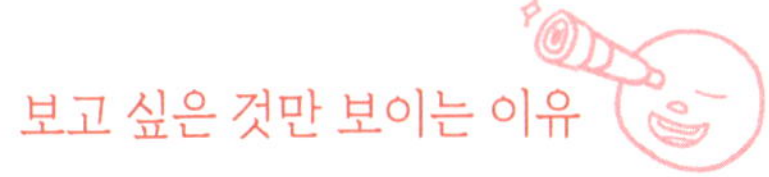

보고 싶은 것만 보이는 이유

우리는 가끔 자신이 보고 싶은 것만 보고 듣고 싶은 것만 듣습니다. 생각과 믿음이 굳은 경우입니다. 한번 굳어진 생각은 쉽게 바뀌지 않습니다. 굳어진 생각에 따라 보고, 굳어진 생각에 따라 듣습니다.

'보이지 않는 고릴라'라는 유명한 심리 실험이 있습니다. 대니얼 사이먼스Daniel Simons와 크리스토퍼 차브리스Christopher Chabris라는 심리학자가 수행한 실험입니다. 대학생들을 모집하여 그들에게 영상을 보여 줍니다. 영상에는 검은색 티셔츠를 입은 3명과 흰색 티셔츠를 입은 3명이 등장합니다. 이들은 농구공을 주고받기 시작합니다. 연구자가 영상을 보는 학생들에게 말합니다. "영상에서 이들이 몇 번 패스를 하는지 횟수를 세어 주세요.” 학생들은 열심히 패스 횟수를 세기 시작하고 영상이 끝납니다. 학생들이 패스 횟수에 대해 저마다 대답합니다.

그런데 이번에는 실험자가 다른 질문을 던집니다. “혹시 영상에 등장한 고릴라를 보셨나요?” 학생들은 어리둥절해 합니다. ‘고릴라라니?’ 다시 영상을 본 학생들은 놀라움을 금치 못합니다. 실제로 영상 중간에 고릴라 복장을 한 사람이 등장해 가슴을 치는 고릴라 흉내를 내고 사라지거든요.

이 실험은 봐야 하는 한 가지에 집중하면 다른 것은 보지 못하게 되는 주의(注意)력의 한계를 보여 주고 있습니다. 봐야 할 것만 보게 되고 들어야 할 것만 듣게 되는 이유입니다.

선입견도 마찬가지입니다. 남의 이야기만 듣거나 자신의 예전 경험에 의해 특정 대상이나 사람에 대해 이미 생각이 굳어집니다. 우린 가끔 선입견에 사로잡혀 봐야 할 것을 제대로 보지 못합니다. 허드렛일을 하시는 분들을 볼 때, 타 부서에서 옮겨 온 팀원에 대해 안 좋은 소문을 들었을 때, 몇 차례 도전하고 실패한 시험이 있을 때 우린 그 사람과 대상에 대해 지레 평가합니다. ‘저런 일을 하시는 걸 보니 학교 다닐 때 공부를 열심히 안 하셨나 보네.’ ‘새로 올 김 대리님은 소문이 안 좋으니 친하게 지내지 말아야겠다.’ ‘지금까지 공부해서 떨어졌는데 이번이라고 합격하겠어?’

이미 해 온 경험에 의해, 이미 들어 온 이야기에 의해 먼저 판단합니다. 미리 판단하고 미리 결심하기도 합니다. 앞서 결심하면 그 결심에 부합하는 것들만 보입니다. 패스 횟수를 세어야겠다고 결심하면 패스하는 모습만 보일 뿐입니다. 중간에 고릴라가 나와도 보지 못합니다. 화장실 청소를 하시는 분도 학창 시절 공부를 열심히 했지만 다른 이유로 청소일을 하고 계신 것일 수도 있습니다. 새로올 김 대리는 소문보다 훨씬 괜찮은 사람일 수 있습니다. 지금까지 떨어졌기 때문에 이번에는 시험에 합격할 수 있습니다.

내가 사고 싶은 차 모델을 정하면 다른 차는 눈에 안 들어옵니다. 이직하고 싶은 회사가 생기면 다른 말은 들리지 않습니다. 한번 마음을 정하면, 한 가지의 선입견을 가지면 하나만 보게 됩니다. 파란색 셀로판지를 눈앞에 대고 보면 모든 것이 파랗게 보이듯 말이죠.

선입견이 항상 나쁜 것은 아닙니다. 아무런 지식과 경험도 없는 상황에서는 선입견이란 것도 일종의 정보로 활용할 수 있습니다. 중요한 것은 활용의 정도입니다. 선입견은 우리가 판단하는 데 하나의 참고 수단일 뿐 그 자체가 판단의 100%가 될 수는 없습니다. 내가 직접 경험하고 느끼기 전에는 잠시 판단을 보류합시다. 설령 내가 직접 경험했다 하더라도 다음 경험은 달라질 수 있습니다. 사람들의 의견과 과거의 경험을 참조는 하되 그것만으로 확정짓지는 맙시다.

『허생전』, 『열하일기』, 『연암집』 등을 저술한 조선 후기 소설가 연암 박지원 선생은 이렇게 말했습니다. "눈에 얼핏 보이고, 귀에 언뜻 들린다고 해서 모두 사물의 본 모습은 아니라네."

얼핏 보고, 언뜻 듣는 것만 가지고 판단하지 않도록 마음을 다 잡아 봅시다.

가면 증후군
Imposter syndrome

내가 원래 실력 없는 사람이라는 걸 들키면 어쩌지? 

영화 〈레옹〉, 〈블랙 스완〉, 〈어벤져스: 엔드게임〉의 공통점 한 가지가 있습니다. 뭘까요?

나탈리 포트만Natalie Portman이 주인공으로 출연했던 영화들입니다. 1994년 영화 〈레옹〉에서 그녀가 선보였던 소녀의 아름다움과 애틋한 연기를 아직도 잊을 수 없는데요. 그녀는 연기뿐 아니라 어학과 학업에도 뛰어났습니다. 6개 국어를 구사하고 하버드 대학을 졸업했다고 합니다. 참으로 다재다

능한 사람이 아닐 수 없습니다. 그런 그녀가 자신의 졸업식에서 이런 연설을 했습니다.

"입학식 날 느꼈어요. 내가 이곳에 입학하게 된 것은 사람들의 실수라고 말이죠. 여기 있는 사람들 사이에 있을 만큼 내가 충분히 똑똑하지는 않다고 생각했거든요. '난 멍청한 여배우가 아니야!'라는 걸 증명하고 싶었어요. 그래서 학기 중에 일부러 어려운 수업도 찾아 듣곤 했죠." 이 말을 들은 사람들은 몹시 의아해했습니다. 모든 것이 완벽해 보이는 배우가 그런 생각을 하고 있을 줄 몰랐던 거죠.

심리학에는 가면 증후군이라는 용어가 있습니다. 자신이 이룩한 성공이 자신의 실력이 아닌 운에 의해서 얻어진 것이라고 믿는 심리를 말합니다. 객관적인 성공을 했지만 실제로 성공할 만한 실력을 갖추고 있지 못하다고 생각하는 것입니다. 자신의 능력을 지나치게 과소평가하는 겸손을 넘어선 겸손입니다.

이런 믿음은 성공에 대한 지나친 기대에서 비롯됩니다. 자신이 본래 실력은 없는 사람이지만 성공은 꼭 하고 싶습니다. 자신은 본래 실력이 없다고 생각하지만 열심히 노력해 결국 성공합니다. 사람들도 자신을 성공한 사람으로 봐 줍니다. 하지만 '나는 본래 실력이 없는 사람이다'라는 생각을 지우지는 못합니다. 성공 후 사람들의 기대에 부응하기 위해 극도의 성실함을 보이기도 합니다. '본래 실력은 없으니 열심히 노력하는 모습이라도 보여 주자'라는 심리입니다. 그러한 과정에서 극심한 스트레스와 우울감을 경험하기도 합니다.

저 역시 이러한 가면 증후군에 빠진 적이 있습니다. 저는 회사 생활을 하며 리더십 있는 사람이 되고 싶었습니다. 하지만 본래 리더십이 없다고 생각했죠. 리더십에 관한 강의도 듣고 책도 읽었습니다. 주변에 리더십이 있다고 생각하는 사람들을 롤 모델로 삼기도 했습니다. 그분들이 하는 말투, 행동, 의사 결정 방법을 하나하나 따라 했습니다. 그것 때문이었을까요? 간간이 '최 과장은 리더십이 있어'라는 평가를 듣기도 했습니다. 실제로 노력에 의해 리더십을 키운 것도 있었다고 생각합니다.

문제는 그 다음이었습니다. '나는 원래 리더십이 없는 사람인데, 사람들이 내가 리더십이 있다고 생각해 주네.' 계속 리더십이 있는 사람처럼 보여야 한다고 생각했습니다. 리더십을 더 키울 수 있는 방법을 고민했습니다. 지금 돌아보면 우습기도 하지만 이 모습을 유지하기 위해서는 더 많은 인기를 얻어야 한다고 생각했습니다. 직장에서 마주치는 모든 사람이 나를 좋아하게끔 만들고 싶었습니다. 그것이 가능한 일이고 사회생활의 능력이라고도 생각했지만 사실 그건 리더십이 아니었죠. 그저 사람 좋게 보이려 가면을 쓰고 있는 것과도 같은 심리였습니다.

일종의 포퓰리즘Populism이었습니다. 사소한 행동부터 중요한 의사 결정까지 '사람들이 나를 계속 좋아해 주는 방향'으로 판단했습니다. 불쾌할 때 불쾌하다 표현할 수 없었고 서운해도 서운하다 말할 수 없었습니다. 답답해도 답답하다 티를 낼 수 없었습니다. 솔직히 내 감정을 표현하면 상대방이 싫어할 것 같았고 나에 대한 호감이 줄어들 것 같았기 때문이었죠. 그냥 사람 좋은 척 연기하는 것이 마음 편했습니다.

그런데 언젠가부터 사람들이 이런 생각을 하는 것 같았습니다. '최 과장은 사람들이 좋아하는 일만 하려고 해.' '사람 좋게 보이려고 하는 것 같기도 하고.' 괴로웠습니다. '내가 무슨 정치인도 아니고… 나는 왜 이렇게 사람들에게 잘 보이려고 할까?' 온전한 내가 될 수 없었습니다.

다음은 넷플릭스^{Netflix}의 〈블랙 미러^{Black Mirror}〉라는 드라마의 한 장면입니다.

남자: (회사 문 앞에서 불안하게 서성이다 동료 직원을 보고)
문이 안 열려. 점수가 2.4라서.
여자: (애써 외면하며) 미안해. 나도 지각이라서.
남자: 별 좀 줘, 제발.
(여자는 모른 척 안으로 들어가고 문이 닫힌다)
남자: 이런, 제기랄!

이 드라마는 모든 것이 SNS의 별로 평가되는 사회를 배경으로 합니다. 사람들이 온라인상에서 내게 주는 별의 점수가 곧 계급입니다. 별 평점에 따라 내가 할 수 있는 일이 정해지고, 별 숫자에 따라 내가 만날 수 있는 사람의 범위가 정해집니다. 사람들은 더 높은 별점을 받기 위해 더 높은 별점의 사람에게 다가가 굽실거립니다. 별이 곧 힘이고 권력인 사회입니다. 이러한 사회에서 더 많은 별을 받기 위해 나의 진실한 모습은 숨겨야 합니다. 싫어도 싫다고 말하지 못하고 좋아해도 좋아한다 말하지 못합니다. 내가 고통받고 슬퍼하는 것들은 철저하게 숨겨야 합니다. 사람들은 내가 즐거워하고 행복해하는 모습에만 반응을 보이기 때문이죠.

가상의 사회를 배경으로 한 드라마였지만 여운이 꽤 오래갔습니다. 왠지 당시 제 이야기인 것 같았으니까요. 사람들의 인기를 얻기 위해 진짜 내 생각과 감정은 숨겨야 했던 자신과 닮은 것 같았습니다. 회사 밖에서도 내가 좋아하지도 않는 것에 '좋아요'를 눌러야 했거든요. 내가 싫어하는 것에 '싫다'라고 말할 수 없었거든요. 그래야 사람들이 나를 계속 좋아해 줄 것이라 생각했습니다.

그런데 '그렇게 사는 게 과연 진정으로 행복한 삶일까? 사람들에게 잘 보이는 삶이 진정 나를 위한 삶일까?' 하는 생각이 들었습니다. 남들은 이런 나를 좋아해 줄지 모르지만 나는 이런 자신이 싫어지기 시작했습니다. 매 순간 연기를 한다는 생각 때문에 힘들었습니다. 더는 남에게 잘 보이는 삶을 살고 싶지 않았습니다. 남에게 피해를 주지 않는 범위 내에서 내 삶을 살기로 했습니다.

기쁘면 기쁜 대로, 짜증이 나면 짜증이 나는 대로 표현했습니다. 내가 맞다고 생각하는 것에 대해 솔직히 말하기 시작했습니다. 독단이 아니라 소통을 하고 싶었습니다. 일방적인 내 생각의 전달이 아닌 솔직한 마음의 왕래를 시도했죠.

언젠가 가수 이효리 씨가 예능 프로그램에서 한 말로 화제가 된 적이 있습니다. "뭘 훌륭한 사람이 돼, 그냥 아무나 돼." 이 말이 자신을 아무렇게나 대하고 주위에 피해를 끼치는 사람이 되라는 의미는 아닐 것입니다. 자신이 느끼고 생각하는 대로 솔직하고 당당하게 행동하라는 의미라 생각합니다.

누구와 같은 사람이 되는 것이 아닌 나 자신이 되는 것. 그것이 가장 어렵고도 의미 있는 일 아닐까요?

4장

행복의 심리학

행복은 행복해지기로
결심하는 것입니다.

하향식 반사실적 사고
Downward counterfactual thinking

행복하지 않을 일에도
행복을 느끼는 방법 

　심리학 이론 중에 반(反)사실적 사고라는 것이 있습니다. 말 그대로 실제 발생한 일과 반대되는 상황을 가정하는 생각을 말합니다. 예를 들어 내가 이 남자와 결혼하지 않았더라면, 내가 이 회사에 들어오지 않았더라면, 내가 파스타를 주문하지 않았더라면, 내가 그 말을 하지 않았더라면 등의 상황을 가정하는 것이죠. 주로 과거에 선택하지 않은 상황을 가정해 보는 겁니다.

　여러분은 이런 반사실적 사고를 주로 언제 하시나요? 내가 과거에 실제로 했던 선택을 잘한 선택이라고 느낄 때, 아니면 내가 한 선택이 후회스럽게 느껴질 때? 당연히 후자의 경우가 많겠죠. 저도 마찬가지입니다.

　한 번은 말레이시아로 가족 여행을 다녀온 적이 있습니다. 쿠알라룸푸르 공항에서 인천행 비행기를 기다리고 있을 때였죠. 탑승까지 시간이 좀 남았길래 온 가족이 잠시 공항 안에 있는 음료 바에 갔습니다. 그런데 아내 스마트폰의 배터리가 얼마 남지 않아서 아내가 바 안의 콘센트에 충전기를 꼽고 충전을 시작하더군요. 그렇게 우리도 휴식을 충전하기 시작했죠.

　약 30분 정도가 지났을까. 우리 가족은 아무 생각 없이 그 자리를 떠났습니다. 스마트폰을 그대로 남겨둔 채 말이죠. 황당한 사실은 한국 땅을 밟자마자 휴대폰을 놓고 온 사실이 생각났다는 것입니다. 그전까지는 까맣게 잊어버리고 있었던 것이죠.

　그때 엄청난 후회가 밀려왔습니다. '왜 나도 함께 깜빡했을까? 왜 내가 대신 챙겨 주질 못했을까?' 그 당시 100만 원 이상 지불한 S사의 최신 스마트폰이었습니다. 휴대폰을 구입한 지 3개월도 채 되지 않은 시점이었죠. '아예 내가 음료 바에 가자는 말을 하지 않았더라면, 바에서 넋을 잃고 쉬지 않았더라면, 조금만 더 주의를 기울였더라면, 비행기를 타기 전에 그 사실을 알아챘더라면 스마트폰을 분실할 일도 없었을 텐데.' 하는 생각이 들었습니다.

　그 바에 갔던 것이 너무나 후회스럽고, 나 자신이 원망스러워울 정도였습니다. 그렇지만 어쩌겠어요. 이미 엎질러진 물인데요, 뭘. 이렇게 반사실적 사고는 일상생활에서 알게 모르게 자주 작동합니다. 결국 아내는 잃어버린 최신 스마트폰을 한 번 더 사야만 했습니다.

이러한 반사실적 사고에도 두 가지 종류가 있습니다. 과거의 실제 발생한 일에 대해서 더 좋았을 경우를 떠올리는 사고를 상향식 반사실적 사고라 합니다. 상향식, 말 그대로 위를 바라보며 더 좋았을 상황을 떠올리는 것이죠. 대개는 후회하고 아쉬워할 때 이런 사고를 많이 합니다.

반면 하향식 반사실적 사고도 있습니다. 상향식과는 반대로 실제 발생한 일보다 더 안 좋았을 상황을 가정하며 생각하는 것을 말합니다. 쉽게 말해 '더 안 좋았을 상황'을 내려다보는(하향식) 사고라고 생각하시면 됩니다. 차석으로 입학시험에 합격한 사람보다는 간신히 턱걸이로 합격한 사람의 성취감이 더 크듯 말이죠. 똑같은 상황을 두고도 더 좋았을 상황을 가정하느냐 아니면 더 좋지 않았을 상황을 가정하느냐에 따라서 행복감을 느낄 수도 절망감을 느낄 수도 있습니다.

하향식 반사실적 사고에 이러한 행복과 만족의 비밀이 숨어 있습니다. 힘들 법한 상황에서도 웃음을 잃지 않으며 쉬이 훌훌 털어 내고 다시 일어나는 사람들의 비밀이 바로 여기에 있습니다. 살다 보면 무의식적으로 상향식 사고를 더 자주 하게 되는 것 같습니다. '내가 그때 집을 팔지 않았더라면 지금쯤 집값이 훨씬 올라 있을 텐데.' '내가 그때 운전을 하지 않았더라면 음주 단속에 걸리지 않았을 텐데.' '내가 그때 이 사람의 청혼을 수락하지 않았다면 다른 더 멋진 남자와 잘 살고 있을 텐데.'

이 모든 것이 우리 생활 깊숙이 침투해 있는 상향식 반사실적 사고의 예들입니다. 문제는 이러한 상향식 반사실적 사고가 행복 정서에는 별 도움이 되지 않는다는 점입니다. 더 좋았을 상황을 가정하고 과거의 일을 돌아보는데 어느 누가 행복감을 느낄 수 있겠어요? 후회와 아쉬움으로 가슴만 더 답답해질 뿐입니다.

행복감을 위해서는 의도적으로 하향식 반사실적 사고를 해야합니다. 과거에 발생했던 일에 대해 더 안 좋았을 상황을 주로 생각하는 것입니다. '내가 그때 집을 팔긴 했지만 만약 더 빨리 팔았더라면 더 큰 손해를 봤을 거야.' '내가 이 남자랑 결혼해서 가끔씩 울화가 치밀기는 하지만, 그래도 바람피우고 폭력을 행사하는 남자보다는 낫잖아.' 이러한 하향식 반사실적 사고는 우리에게 만족감을 선물해 줍니다.

저는 얼마 전에 오른쪽 빗장뼈를 다쳤습니다. 아들과 자전거를 타고 가다가 차도에서 인도로 올라가려는 순간 중심을 잃고 앞으로 꼬꾸라졌거든요. 떨어지면서 오른쪽 빗장뼈를 바닥에 그대로 부딪혔습니다. 전치 3주의 골절 진단을 받았습니다. 엄청나게 아팠고 움직이는 것도 아주 불편했죠.

사고 직후에는 자전거를 탔던 것이 너무나 후회스러웠습니다. '아, 내가 그때 왜 자전거를 탔을까? 내가 그때 왜 무리해서 인도로 올라가려고 했을까?' '내가 그때 왜 보호 장비를 착용하고 있지 않았을까? 그랬다면 쇄골을 다치지 않았을 텐데.' 하며 자신을 원망했습니다. 저도 모르게 상향식 반사실적 사고를 했던 거죠. 그러다 보니 더욱 답답하고 우울해지기만 했습니다.

이번에는 의도적으로 하향식 반사실적 사고를 시도하기 시작했어요. '그래도 그만큼만 다친 것이 다행이다.' '그래도 얼굴이나 다른 곳은 더 다치지 않아서 다행이다.' '그래도 나 혼자 다치고 아들은 무사해서 다행이다.'라고 생각했습니다. 그런 생각을 하니까 신기하게도 기분이 좀 나아졌습니다.

'그나마 그 시간에라도 도착해서 다행이다.' '그나마 그 정도 돈이라도 돌려받아서 다행이다.' '그나마 그 정도만 아파서 다행이다.' '그나마 그 정도만 손해를 봐서 다행이다.' 이러한 생각들에는 현재 상황을 받아들이는 수용의 자세가 바탕이 되어 있죠. 현실을 인정하고 과거는 좋은 경험으로 삼는 자세입니다.

누구나 과거의 경험에 대해 후회되는 선택을 할 수 있습니다. 하지만 후회를 후회로만 끝낸다면 본인만 더 괴로울 뿐입니다. 아쉬운 순간이 있지만 더 안 좋았을 상황을 떠올리며 '그래도 그 정도라서 다행이다'라는 생각을 해야 합니다. 과거의 후회스러운 순간을 과거로 돌아가 반대로 되돌릴 수는 없지만 그 후회하는 감정을 다른 것으로 되돌릴 수는 있습니다. 그게 바로 우리가 할 수 있고 해야 하는 일입니다. 자신의 만족감과 행복감을 위해서 말이죠.

독일의 대문호 괴테^{Goethe}는 이렇게 말했습니다. '이 세상에서 우리가 바꿀 수 있는 유일한 사람은 우리 자신밖에 없다.' 참으로 마음에 와닿는 말인 것 같습니다. 우리가 마음만 달리 먹는다면 후회스러운 일도 만족스럽고 다행스러운 일로 바꿀 수 있습니다. 우리가 느끼는 불행감도 행복감으로 바꿀 수 있습니다. 그리고 웬만한 일에도 만족하는 습관을 가질 수 있습니다. 그럴수록 행복감도 더 자주 느낄 수 있겠죠.

고대 그리스 로마의 철학자인 에픽테토스Epiktētos 역시 '인간은 객관적 현실에 의해서 고통받는 것이 아니라 그것에 대한 견해에 의해 고통받는다.'라고 말했습니다. 사건 그 자체로 행복한 사건, 불행한 사건이 있는 것은 아닙니다. 똑같은 사건이라도 그 사건을 어떻게 바라보느냐에 따라 행복한 사건이 될 수도 불행한 사건이 될 수도 있습니다. 이 세상에 그 자체로 불행한 사건은 없습니다. 불행하게 바라보는 사건만 있을 뿐입니다.

혹시 힘든 일을 겪고 있나요? 그 자체로 불행하게 느껴지는 사건이 있나요? 그렇다면 너무 불행하게만 여기지 말고 그것보다 더 안 좋은 상황이 발생했을 수도 있다고 생각해 보세요. 물론 쉽진 않겠지만 노력하다 보면 어느 순간 마음이 풀리는 때가 올 겁니다. 그러면서 조금씩 마음의 평화를 찾아가는 자신을 발견하게 될 거예요.

당신이 불행이라고 생각하는 일보다 더한 불행이 바로 그 뒤에 숨어 있었을 수도 있음을 잊지 마세요. 그나마 다행이라고 생각하는 습관을 가지길 바랍니다. 하향식 반사실적 사고의 힘을 믿어 보세요. 우리의 행복은 사고(思考)하는 습관에 달려 있습니다.

동기의 대립 과정

Opponent process

지금이 힘들다고 느껴지면
더 힘든 상황을 경험해 보세요. 

심리학에는 동기의 대립 과정이라는 현상이 있습니다. 외부 자극에 대한 반응이 끝나면 그와 반대되는 반응이 곧바로 나타나는 현상을 말합니다.

좀 쉽게 설명해 볼게요. 여행을 떠나기 위해 계획을 짜고 여러 가지 준비를 합니다. 방문 지역도 고르고 꼭 가 봐야 할 맛집 정보 탐색도 빼놓지 않습니다. 여행에 대한 기대감과 설렘으로 들뜬 마음을 감추지 못합니다. 드디어 여행을 떠납니다. 시원한 바람과 넘실대는 파도는 그동안의 스트레스를 한순간에 날려 줍니다. 신나고 즐겁습니다.

즐거운 시간은 왜 이리 빨리 흐르는 것일까요. 어느덧 4박 5일의 모든 일정이 끝납니다. 여행을 마치고 집으로 돌아옵니다. 기분이 어떤가요? 여행의 즐거움만 쏙 빠진 감정 상태인가요? 여행에 대한 설렘만 쏙 빠진 평소 기분으로 금방 되돌아왔나요? 아마도 그렇지 않을 겁니다. 여행의 즐거움과 만족감이 아직 머릿속에 남아 있겠죠. 여행의 여운을 모두 다 소진하지 못한 상태에서 내일 당장 출근할 생각을 하니 우울해집니다. 동기의 대립 과정이 우리 마음속에서 작용한 결과입니다.

여행이 끝나고 돌아왔을 때 느끼는 감정은 여행을 떠나기 전의 평상시 감정과 동일하지 않습니다. 여행 후의 감정은 여행 중 느꼈던 행복감과 즐거움의 반대인 우울감과 괴로움이 더 많습니다. 나쁜 예이긴 하지만 마약이나 헤로인과 같은 향정신성 약물도 마찬가지입니다. 마약을 복용하면 쾌락을 느낍니다. 그런데 마약 효과가 끝난 후에 느끼는 감정은 단순히 쾌락이 없는 상태가 아닙니다. 쾌락의 반대인 우울감과 불쾌감을 느끼게 됩니다.

이러한 동기의 대립 과정은 일상에서 흔히 찾아볼 수 있습니다. 사랑을 하면 행복하죠. 이 세상의 주인공이 된 것만 같습니다. 그 사람을 위해서 무엇이든 해 줄 수 있을 듯합니다. '이게 정말 사랑이구나!' 하며 온몸으로 느낍니다. 하지만 안타깝게도 사랑이 끝났습니다. 그럼 어떤가요? 사랑을 시작하기 전 평범한 기분 그대로 돌아갈까요? 아니죠. 마치 세상이 멈춰 버린 듯, 온 세상을 잃은 듯한 슬픔에 빠집니다. 이 역시 사랑의 반대 감정인 슬픔과 좌절감이 더 많이 작용한 결과입니다.

당신이 너무너무 보고 싶었던 뮤지컬이 있습니다. 굉장히 기대했던 뮤지컬인데 막상 보고 나니 기대 이하입니다. 이럴 때는 단순히 기대하지 않는 상태로 돌아가는 것이 아닙니다. 기대의 반대 감정인 실망감이 더 크게 다가오게 됩니다.

많은 직장인이 경험하는 주말도 마찬가지입니다. 금요일 오후만 되면 이제 곧 시작될 주말로 인해 설렙니다. 어떻게 이번 주말을 알차고 즐겁게 보낼까 들떠 있습니다. 어느덧 주말이 시작되고 시간은 쏜살같이 지나갑니다. 출근을 앞둔 일요일 저녁은 정말 죽을 맛입니다. 주중의 보통 때 기분으로 돌아가는 것이 아니라 평소보다 더 안 좋은 상태로 돌아갑니다.

동기의 대립 과정 현상이 이제 좀 확실히 이해되었나요? 저는 이 현상을 가끔씩 의도적으로 활용하곤 합니다. 기존의 고민을 덜기 위해 새로운 고민을 추가하는 것입니다. 직장 생활을 하다 보면 대인 관계 때문에 불편할 때가 있습니다. 모든 사람이 제 마음에 들진 않으니까요. 다른 건 다 괜찮은데, 직장에서 불편한 사람이 한 명 생기면 여간 신경이 쓰이지 않을 수 없습니다.

그럴 때 저는 일부러라도 더 심각한 고민을 하려고 해요. 예를 들어 제 미래라든가 가족의 건강 또는 인류의 공존공영(共存共榮)과 같은 거창한 고민을 합니다. 그러면 기존의 대인 관계에 대한 고민에 새로운 고민이 더해집니다. 그 상태에서 거창한 고민에 대해 골똘히 몰두합니다. 쉬운 주제가 아닌 만큼 금방 답이 나올 리 없죠. 그래서 그 거창한 고민을 잠시 뒤로 미루어 둡니다. 그럼 대인 관계에 대한 예전의 고민만 남겠죠. 그 고민은 이제 예전만큼 심각하게 느껴지진 않습니다. 조금 무뎌진다고 할까요? 아무튼 전처럼 신경 쓰고 집착하게 되진 않아요. 오히려 불편한 사람을 의연하게 대하게 되고 부담이 없어집니다. 그렇게 되니까 또 지낼 만하더군요. 신기하죠?

지금 당신은 하는 일이 너무 많아서 힘겹다고 가정해 봅시다. 벌여 놓은 일이 너무 많다 보니 도저히 더 해 나갈 용기가 나질 않습니다. 그럴 때 일을 한두 가지 더 늘려 보세요. 물론 언제든지 중단하더라도 큰 부담이 없는 일로 말입니다. 설상가상(雪上加霜)으로 더더욱 바쁘고 힘이 들겠죠. 그러다 모든 것을 내팽개치기 직전 마지막에 추가한 일들을 과감히 포기하는 겁니다. 그렇게 하면 그전의 일들에 대한 부담이 그나마 좀 적게 느껴질 수 있습니다.

발목 모래주머니라고 점프력이나 체력을 키우기 위해 일부러 무겁게 발목에 착용하는 용품이 있습니다. 제가 중학교 시절 농구 만화 『슬램덩크』 때문에 농구에 미쳤던 적이 있습니다. 만화 속 주인공인 강백호처럼 하늘을 나는 점프력을 갖고 싶어서 학교에 갈 때도 교복 속에 몰래 모래주머니를 차고 다니곤 했습니다. 그것을 차고 운동하고 일상생활도 했습니다. 무겁고 힘도 들었습니다. '왜 굳이 사서 이 고생을 해야 하나?'라는 생각도 들었죠.

그렇게 지내다 어느 날 모래주머니를 벗어 냈습니다. 그럼 단순히 모래주머니를 차기 전의 상태로 돌아가는 것이 아닙니다. 모래주머니가 없어진 것만으로도 하늘을 날아갈 듯이 몸이 가벼워진 것 같았습니다. 그런 심리를 활용해서 기존보다 향상된 점프력을 가질 수 있었습니다.

어른이 된 지금은 어떤 모래주머니를 차 볼지 생각하고 있습니다. 도전하고 있는 일이 있다면, 꼭 성취하고 싶은 일이 있다면 그 일에 모래주머니를 달아 보세요. 당장은 힘이 더 들지 몰라도 나중에 그 모래주머니를 떼어 냈을 때 당신에게 더 큰 만족과 자신감을 가져다줄 거라 믿습니다. 당신을 더욱 높이 날게 해 줄 거예요.

안면 피드백 가설

Facial feedback hypothesis

행복해지고 싶으면 웃으세요.
실제로 행복한 일이 생겨나는 비밀입니다. 

지금 바로 기분이 좋아질 수 있는 가장 쉽고 확실한 방법이 있습니다. 그냥 웃어 보세요. 웃는 표정만 지어도 좋고 아니면 소리 내어 '하하하' 하고 웃어도 좋습니다. 기분이 달라지는 것을 느끼나요? 보통은 재미있는 일이 있을 때 또는 재미난 생각을 할 때 웃음을 짓죠. 하지만 순서를 바꿔도 된다고 말하는 심리학 이론이 있습니다. 바로 안면 피드백 가설입니다. 이 이론은 감정이 먼저 일어나고 얼굴 표정을 짓는 순서가 아니라고 말합니다. 대신 얼굴에 먼저 자극이 있고 이 자극에 의해 감정이 일어난다고 말합니다.

완전히 틀린 얘기 같지는 않습니다. 실제로 아무 감정이 없을 때도 소리 내어 '하하하' 웃어 보면 순간적이지만 기분이 조금 좋아지는 것을 느낄 수 있거든요. 여러분도 한 번 따라 해 보세요. 소리 내어 웃지 말고 그냥 웃는 표정이라도 지어 보세요. 기분이 변하는 것을 느끼나요?

별다른 일은 없지만 그냥 기분이 좋아지고 싶을 때 '하하하' 하고 웃어 보는 것입니다. 평소에 우린 너무 웃음에 인색한 것 같아요. 한 연구 결과에 의하면 유치원생 아이들은 하루 평균 300번을 웃는다고 합니다. 반면 성인들은 하루에 17번 웃는다고 하네요. 어마어마한 차이인데, 사실 제가 하루에 17번이라도 웃는지 모르겠어요.

사람들은 흔히 웃을 일이 없어서 웃지 않는다고 생각합니다. 그러면 아이들은 실제로 그렇게 웃을 일이 많아서 자주 웃을까요? 아이들을 보고 있노라면 하루 종일 떠들고 쉴 새 없이 웃습니다. 온갖 상상의 나래를 펼치면서 자기들끼리 좋다고 깔깔대며 연신 웃어 댑니다. 그런 아이들의 모습은 세상을 다 가진 듯 한없이 행복해 보입니다. 물론 그만큼 쉽게 삐치기도 하고 잘 울기도 하지만 웃음 횟수만큼은 어른들에 비해서 압도적입니다. 가끔씩은 아이들을 보며 '나도 저렇게 신나게 깔깔거리며 웃고 싶다'라는 생각에 빠집니다.

저 역시 웃을 일이 없으면 웃지 않는 편인데요. 재미있는 영화나 코미디 프로그램을 보지 않는 이상 크게 웃는 경우는 거의 없는 것 같습니다. 가만히 생각을 해 봤어요. 웃을 일이 있어서 웃고 짜증스러운 일이 있어서 짜증만 낸다면 내 감정은 그냥 수동적 성향의 상태가 아닌가 싶었습니다. 내 의지대로 내 감정이 발생하는 것이 아니라 밖에서 벌어지는 일들로 인해 내 감정이 결정된다는 생각을 하니까 내 감정이 너무 불쌍해졌습니다.

물론 내 감정은 상당 부분 외부 환경에 의해서 달라집니다. 누군가 내게 깜짝 생일 파티를 해 줍니다. 또는 회사에서 승진을 했습니다. 이런 일들은 나를 기쁘게 해 주는 일들입니다. 반면 스스로 자신의 감정을 만들 수도 있습니다. 비록 고된 일을 하는 상황에 있더라도 '이 일이 내게 소중한 경험으로 다가올 날이 있을 거야.'라고 좋게 생각해 볼 수 있죠. 그러면 그 고된 감정으로부터 생성된 고통을 조금이라도 완화할 수 있습니다.

더 나아가 그렇게 사고를 조절해 감정을 바꾸다 보면 그 일 자체에서 보람과 행복감을 느낄 기회도 틀림없이 많아질 것입니다. 이처럼 감정은 주어지는 감정과 스스로 자신에게 주는 감정이 둘다 존재합니다. 마찬가지로 즐거워서 웃을 수도 있고 웃기 때문에 즐거울 수도 있는 것이죠.

안면 피드백 가설을 알고 나서 제가 매일 아침 새롭게 하는 행동이 하나 있습니다. 바로 기상 후 거울을 보며 입 근육과 얼굴 근육을 푸는 연습입니다. 이 두 가지 근육을 미리 풀어 두는 것입니다. 아침 얼굴 감정 운동이라고도 할 수 있겠네요. 이렇게 얼굴에 워밍업을 해 놓는 이유는 간단합니다. 말 그대로 쉽게 웃을 수 있는 준비를 하는 것입니다. 출근길에 만나는 버스 기사님에게도 자연스럽게 웃으며 인사를 건넬 수 있고요. 회사 복도에서 마주치는 미화원분들에게도 자연스러운 다정한 인사를 건넬 수 있습니다. 사무실에서 만나는 직장 동료들에게 좀 더 생기 있고 발랄한 아침 인사를 보여 줄 수도 있죠.

사실 아침에 인사를 나눌 때 입만 '안녕하세요.'라고 말할 뿐 눈과 표정은 '네가 안녕하든 말든 나는 전혀 상관없다.'라는 느낌을 종종 받습니다. 그냥 인사를 위한 인사입니다. 기왕이면 입뿐만 아니라 얼굴 표정으로도 밝게 인사를 건네는 편이 좋잖아요.

혹시 요즘 즐거운 일이 없다고 시무룩해 있나요? 요즘 하는 일마다 잘되는 일이 없다고 의기소침해 있는 분이 계신가요? 어떤 일이든 즐거운 표정으로 임하면 조금이라도 즐거운 감정을 실제로 더 느낄 수 있습니다. 매일 화창한 날씨 속에 살아갈 수는 없죠. 화창한 날씨에만 기분이 좋고 우중충한 날씨에는 기분이 가라앉는다면 우리의 기분은 지나치게 날씨에 의존하게 됩니다. 날씨는 우리 마음대로 만들 수 없지만 대신 그 날씨를 대하는 우리 기분과 감정은 마음대로 바꿀 수 있습니다.

근대 심리학의 창시자로 불리는 윌리엄 제임스[William James]는 웃음에 관해 이렇게 말했습니다. "우리는 행복하기 때문에 웃는 것이 아니고 웃기 때문에 행복하다." 아마도 그는 행복의 비결이 웃음이라는 사실을 이미 간파했던 것 같습니다.

일단 웃으세요. 확실히 웃지 않을 때보단 기분이 더 나아질 수 있습니다. 기분이 나아지면 하는 일에도 훨씬 의욕적으로 임할 수 있죠. 하는 일에 좀 더 집중하면 실제로 좋아할 만한 일도 더 많이 생길 수 있습니다. 그러면 다시 웃게 되고 행복한 일을 만들어 낼 수도 있습니다.

웃음과 행복의 선순환 구조라고 할 수 있겠네요. 웃음과 행복의 선순환 구조를 시작하려면 지금 당장 웃어 보는 겁니다. 이왕이면 소리 내어 10초 이상 신나게 웃어 보세요. 행복해서 웃는 그대가 아니라 웃어서 행복한 당신이 될 수 있습니다.

세익스피어[Shakespeare]의 말처럼 세상에는 웃을 일이 딱히 정해져 있는 것도 아니고 슬퍼할 일이 따로 정해져 있는 것도 아니라고 생각합니다. 태도에 따라 웃을 일도 슬프게 받아들일 수 있고, 슬픈 일도 미소 지으며 받아들일 수 있는 것이죠. 힘든 일도 긍정적으로 받아들이려 노력하는 생각의 힘을 믿어 봅시다.

자기 성찰
Self-reflection

이미 한 결정에 대해서는 되돌아보지 마세요. 
되돌아볼수록 후회만 밀려옵니다.

심사숙고(深思熟考)란 신중(愼重)을 기하여 곰곰이 생각하는 것을 말합니다. 우리는 이 심사숙고라는 말을 자주 사용합니다. 어떤 일을 새롭게 시작해 보기 전 고민하는 누군가에게 "심사숙고해서 잘 결정해 봐."라고 조언해 주곤 하죠.

아무래도 새로운 시작은 새로운 위험을 동반하기 때문에 잘 생각해서 결정하라는 우려 섞인 조언일 것입니다. 도전보다는 안정에 좀 더 방점을 찍는 메시지인 듯합니다. 물론 아무런 생각 없이 섣부른 판단으로 무턱대고 새로운 일을 시작하는 데 급급하다면 성공보다는 실패의 확률이 더 높을 것입니다.

하지만 일을 시작도 하기 전에 너무 많은 고민과 걱정,

완벽한 계획 수립에만 치중한다면 일을 아예 시작조차 못 할 수 있습니다. 제 주위에는 계획 전문가는 많아도 실행 전문가는 많지 않습니다. 계획은 계획으로 끝나는 경우를 더 많이 본 것 같아요.

그러한 분들의 특징은 나중에 꼭 후회한다는 것입니다. '아, 그때 할 걸 그랬어.' 할까 말까 너무 많은 생각을 하다 보면 결국 안 하게 될 가능성이 높아집니다. 깊이 생각하면 할수록 내가 시작하려고 마음먹었던 이유는 못 찾고 반대로 오히려 하지 말아야 할 이유들이 더 많이 떠오르기 때문입니다.

저는 약 3년 전에 가족들과 함께 뉴질랜드로 가서 살고자 마음먹었습니다. 이민을 가고 싶었던 거죠. 가장 큰 이유는 나와 우리 가족의 행복이었습니다. 행복을 느낄 수 있는 여유로운 시간이 절실했습니다. 그리고 그곳에서 우리 가족이 좀 더 단란한 생활을 즐길 수 있을 거라 믿었습니다.

빡빡하게 돌아가는 우리나라의 바쁜 삶 속에서 하루 빨리 벗어나고 싶었습니다. 적막할 정도로 조용하고 여유로운 일상 속에서 가족들과 더 많은 시간을 함께하고 싶었습니다. 아이들의 영어 공부에도 더 유리할 것이라는 생각도 했죠.

그래서 유학원을 통해 그곳에 있는 동안 제가 다닐 학교에 대해서도 알아보았습니다. 운 좋게 한 사립 학교 대학원에 합격해서 정식으로 비자도 받을 수 있게 되었습니다. 그곳의 깨끗한 공기도 저에겐 너무나 큰 매력이었죠. 기관지가 좋지 않은 저는 그곳 공기가 무척 마음에 들었습니다. 2년여의 준비 과정을 거쳤습니다. 그 과정에서 매 단계마다 심사숙고를 계속했습니다. '과연 가는 것이 맞을까?'

그런데 희한하게도 자문을 하면 할수록 심사숙고를 하면 할수록 가면 안 되는 이유들이 계속해서 떠올랐습니다. '그곳에 가면 어떻게 내 직업을 구하지? 영어는 어느 정도 하지만 결국 네이티브 스피커는 아니잖아. 일자리는 구할 수 있겠지만 여기서 하던 일만큼 수준 있는 일을 할 수는 없겠지.' '의료 시설은 또 어떻고. 아프거나 치료를 받아야 할 때는 어떻게 하지? 여기 한국만큼 빠르고 정확한 치료를 해 주는 곳도 또 없다던데.' '한국에 계신 부모님은 또 누가 모시지? 나이가 드셔서 장남인 내가 옆에 있어야 할 것 같은데.' '한국에 두고 온 그리운 사람들은 어떡하고…'

길거리를 지나가다 동남아 사람들을 마주칠 때면 이런 생각도 들었습니다. '이분들도 멀리 타향에 와서 이리 고생하고 계시는구나. 얼마나 외롭고 힘들까? 나도 결국 뉴질랜드에서는 이방인의 삶을 살게 될 텐데…'

결론적으로 저는 뉴질랜드행을 접었습니다. 그리고 한국에서의 삶을 계속 이어 가기로 했습니다. 처음에는 당장이라도 뉴질랜드에 가고 싶었지만 결정을 내리고 준비하는 동안 마음이 바뀐 것이죠. 가기로 마음을 먹었지만 다시 생각하면 생각할수록 가지 말아야 하는 이유들이 저를 결국 붙들었습니다.

한 심리 실험에서 행복한 결혼 생활을 하는 사람들을 두 그룹으로 나누어, 한 그룹에게만 배우자와의 결혼이 행복한 이유를 분석해 달라고 요청했다. 그런데 나중에 살펴보니 행복의 근거를 요모조모 살펴보았던 그룹의 사람들이 그렇지 않았던 사람들보다 이혼하는 비율이 대단히 높게 나타났다.

– 『스마트한 심리학 사용법』 폴커 키츠[Volker Kitz],
마누엘 투쉬[Manuel Tusch]

위의 연구 조사 결과가 이해되나요? 행복한 결혼 생활을 하고 있었는데 결혼이 행복한 이유에 대해서 생각해 달라는 요청을 받은 것입니다. 그 요청을 받고 행복한 부부들은 깊이 생각해 봤죠. '왜 우린 행복한 걸까?' 그런데 아이로니컬하게도 생각을 하면 할수록 행복한 이유보다는 행복하지 않은 이유가 더 떠오르게 되었다는 것입니다. 그래서 이들 중 많은 부부가 결국 이혼을 택했다는 연구 결과입니다.

물론 이들이 이혼한 이유가 단지 이런 요청 때문이었다고 단정하긴 어렵겠죠. 하지만 어쨌거나 자신이 내린 결정에 대해서 깊이 생각하면 할수록 결정을 뒷받침하는 이유보다는 그렇지 않은 이유가 더 많이 떠오를 수도 있음을 보여 줍니다.

우리는 누구나 좋아하는 것과 싫어하는 것이 있습니다. 좋은 것에 대해서 왜 좋으냐고 물으면 저마다 좋아하는 이유를 댑니다. 한두 개의 이유쯤은 금방 댈 수 있습니다. 그런데 조금만 더 생각을 해 보면 좋아하지 않는 이유도 뒤따라 쉽게 떠오릅니다. 시간이 갈수록 좋아해야 하는 이유보다는 좋아하지 말아야 하는 이유가 더 많이 떠오릅니다. 이쯤 되면 애초에 왜 좋아했는지 의아해질 정도입니다.

회사에 왠지 싫은 동료 직원 한 명이 있었습니다. 그 사람을 생각하면 싫다는 느낌이 나도 모르게 듭니다. 왜 싫은지 생각해 봅니다. '말이 너무 많고 다른 사람과 대화할 때 잘 끼어들고, 인사도 제대로 안 하는 것 같고….' 그 사람을 싫어할 만한 충분한 이유가 되는 것 같았습니다.

그런데 그 사람이 싫은 이유를 계속 생각하다 보니 반대의 이유도 생각이 나는 겁니다. '성격은 그래도 시원시원한 편인 것 같아. 유머 감각도 좀 있는 것 같고. 뒤끝도 없는 듯해. 나는 별로 안 좋아하지만 그를 좋아하는 사람들도 꽤 있는 것 같아. 저번에 반짇고리가 필요했는데 때마침 그 사람이 빌려줬어….' 이렇게 생각을 하다 보니 싫어하는 이유 못지않게 좋아할 만한 이유도 만만치 않게 떠오르더군요.

만약 주위에 너무 보기 싫은 사람이 있는데 그 사람과 마주치지 않을 수 없는 상황이라면 '심사숙고 방법'을 한 번 이용해 보세요. 그 사람이 싫은 이유를 계속해서 떠올리다 보면 그 사람이 괜찮아 보이는 이유도 몇 가지 떠오를 겁니다. 물론 하루아침에 그가 좋아질 수는 없겠지만 그러한 작업을 두세 번만 하다 보면 싫어하는 강도가 어느 정도 누그러지지 않을까요? 그 사람을 위해서가 아니라 나 자신을 위한 작업입니다.

뭔가 시작하고 싶은 일이 있을 때는 일단 시작해 보세요. 애초에 당신이 그것을 시작하고 싶은 이유가 있었을 겁니다. 그런데 그 일을 왜 그렇게 시작하고 싶은지 너무 자기 성찰만 하다 보면 아마도 결국 시작하지 못할 가능성이 높아질 거예요. 막상 살펴보니 시작하고 싶었던 이유가 너무 빈약하다는 생각 때문입니다.

누군가는 이런 얘기도 하더군요. 문화 센터에 있는 '원데이 클래스'란 하루짜리 코스를 등록하고 '아, 내가 여기에 소질이 없구나!'라는 것을 깨닫게 해 주는 과정이라고요. 그나마 원데이 코스가 있어서 내가 무엇에 소질이 없는지 비교적 적은 비용으로 하루만에 확인할 수 있는 셈입니다.

일단 해 봐야 내가 무엇을 잘하는지 알 수 있고, 일단 해 봐야 무엇에 소질이 없는지 정확히 알 수 있죠. 일단 가 봐야 그곳이 어떤지 알 수 있고, 일단은 먹어 봐야 내 입맛이 어떤지 정확히 파악할 수 있습니다. 좋은 건 그냥 좋고 싫은 건 그냥 싫은 것입니다. 왜 좋은지 왜 싫은지 너무 따지다 보면 좋은 이유도 싫은 이유도 결국 희석되고 맙니다.

감이 왔다 싶으면, 하고 싶은 생각이 들면 일단 그냥 해 보세요. 너무 깊게 생각하지 말고 그대로 해 보세요. 막상 시작해 보면 생각보다 다른 경우도 많습니다. 생각보다 쉬운 일도 생각보다 어려운 일도 있겠죠. 하지만 시작도 해 보지 않는다면 그저 생각으로 끝날 뿐입니다.

자신에게 긍정적 도움이 되고, 남들에게도 피해를 주지 않는 일이면 해 봐야죠. '해도 후회, 안 해도 후회라면 하고 후회하는 것이 낫다'라는 말도 있잖아요. 결혼은 해도 후회, 안 해도 후회라면 차라리 결혼해 보고 후회하라는 것입니다. 먹어도 후회, 안 먹어도 후회라면 차라리 먹고 나서 후회하라는 것이죠. 마음에 드는 이성에게 말을 걸어도 후회, 안 걸어도 후회일 것 같다면 일단 말을 걸어 보고 후회하세요.

감각 추구 성향
Sensation seeking tendency

내 주말은 내 것입니다.
내 맘대로 내 주말을 보내요. 

어제는 토요일이었습니다. 출근을 하지 않고 휴일 하루를 보냈습니다. 하루 종일 집 밖에 나가지 않았습니다. 아들 녀석이 태권도 학원에서 눈썰매장 여행을 갈 때 엘리베이터로 1층까지 바래다준 것이 어제 제 외부 활동의 전부였습니다. 그렇게 종일 집 밖으로 나가지 않은 날이 정말 몇 개월 만에 처음인 것 같았습니다.

느낌이 새로웠습니다. 사실 그동안은 쉬는 날이면 무조건 집 밖으로 나가야 한다는 일종의 강박 관념이 있었거든요. 주말이기 때문에 휴일이기 때문에 가족끼리 꼭 어디라도 다녀와야 한다는 생각이었죠. 그렇게 하는 것이 휴일을 휴일답게 보내는 것이라 생각했습니다. 그것이 아이들을 위한 것이라고도 생각했고요.

또 주위 사람들에게 말하기도 편했습니다. "최 과장, 주말에 뭐 했어?" 보통 월요일 아침이 되면 주말에 뭐 했냐는 질문을 많이 받잖아요. '아, 네. 애들 데리고 에버랜드에 다녀왔어요.' '둘째랑 어린이 뮤지컬 보고 왔어요.' '1박 2일로 펜션 가족 여행 다녀왔어요.' 그러면서 월요일 아침의 대화가 자연스럽게 시작되죠. 어쩌면 월요일 아침의 이야깃거리를 위해서 저는 주말을 그리 바쁘게 보내야만 했는지도 모르겠습니다. 심리학에는 감각 추구 성향이라는 이론이 있습니다.

감각 추구 성향이란 다양하고 신기하고 복잡한 감각과 경험을 추구하며, 이러한 경험을 얻기 위해 신체적, 사회적, 법적 및 재정적 위험을 감수하려는 경향을 말한다. 감각 추구 성향이 높은 고감각 추구자High Sensation Seekers, HSS들은 항상 새롭고 참신한 것을 추구한다. 자극적이며 신기하고 강렬한 자극과 경험을 선호하는 반면 쉽게 싫증 내는 편이다. 적극적이며 쾌락을 추구하는 사람일수록 유머의 사용을 선호하며, 위험을 과소평가하여 모험적인 일에도 쉽게 도전한다. 높은 감각 추구 현상은 외향성과 충동성, 반사회성과도 관련이 높다.

– 『심리학 용어사전』 한국심리학회

물론 모두가 감각을 추구하는 성향을 지닌 것은 아닙니다. 다만 휴일 동안 서로 안 보는 사이 상대방이 특별한 무언가를 했을 거라 기대하는 심리, 주말에 뭐 했느냐고 물어보는 질문에 대해 특별한 무언가를 했다고 대답해야 할 것만 같은 심리, 이 모든 마음은 감각을 추구하는 우리의 무의식적인 의도에서 나온 것인지도 모르겠습니다.

여러분도 지난 주말에 뭐 했느냐는 질문을 동료에게 던져 본 적 있나요? '응, 그냥 집에 있었어.'라는 답변을 듣고 괜히 물어봤나 싶어 머쓱해진 경험이 있나요? 이렇듯 우리는 알게 모르게 뭔가 재미있고 새롭고 특이한 거리를 찾고 있는 것은 아닌가 합니다.

저는 모처럼 쉬는 날에 말 그대로 쉬기만 하면 뭔가 찜찜합니다. 일부러 친구들과 약속을 만들기도 하고 가족 여행 스케줄을 잡아 보기도 합니다. 어쨌든 집 밖에 나가 무엇이라도 해 보려고 합니다. 가끔씩은 이런 생각도 듭니다. '쉬는 날 밖에 나가 무엇이라도 해 보려고 하는 것은 진정 나를 위한 걸까? 아니면 주말에 뭐 했는지 내게 물어보는 사람들을 위한 걸까?'

어찌 보면 쉬는 시간이 주어졌을 때 우리는 제대로 쉬지 못합니다. 가족을 위해 무언가를 반드시 해야 할 수도 있습니다. 나중에 '뭐 했다'라는 말할 거리를 만들기 위해 무언가를 일부러 찾아 하기도 합니다. 하지만 이젠 쉬는 날에는 정말 쉬기만 해도 좋을 것 같다는 생각도 들어요. 하루 종일 집에서 뒹굴며 밥도 대충 챙겨 먹고요. 온종일 좋아하는 드라마나 영화를 보면서 낄낄대거나 공감의 눈물을 흘려 볼 수도 있고요. 쉬는 날 만큼은 정말 아무 생각하지 않고 그냥 쉬어 보는 겁니다. 쉬는 시간은 나를 위한 쉬는 시간이지 누구에게 보여 주기 위한 시간은 아니잖아요.

요즘은 인스타그램Instagram 같은 SNS의 영향에서 벗어나기 힘든 시대입니다. 그래서 내가 즐기는 음식, 여행, 패션 등 일상생활을 SNS를 통해 공유합니다. 휴가를 가더라도 SNS에 올렸을 때 가장 반응이 좋을 만한 여행지를 고릅니다. 음식도 SNS상에서 가장 핫한 반응이 나올 것으로 기대되는 음식을 골라 먹습니다. 이쯤 되면 음식을 먹으면서 곁다리로 SNS를 하는 것인지 SNS를 위해 음식을 먹는 것인지 헷갈릴 정도입니다. 이러한 모습들이 어쩌면 감각을 추구하는 우리의 성향 때문이 아닌가 하는 생각이 들 때도 있습니다.

내가 좋아하는 것은 내가 좋아하는 것이 되어야 합니다. 다른 사람들에게 자랑할 수 있는 것이 내가 좋아하는 것이 될 수는 없습니다. 다른 사람에게 자랑할 수 있는 것은 말 그대로 자랑하기는 좋습니다. 내 자랑에 사람들이 부러워하는 모습을 보고 나도 행복을 느낄 수는 있습니다. 하지만 그때뿐입니다. 기준이 내가 아닌 타인에게 있는 행복은 진정한 행복이 될 수 없습니다. 타인에게 보여 주는 행복은 일시적일 뿐입니다. 내가 정말 좋아하고 내가 정말 즐겁게 할 수 있어야 오래 지속할 수 있는 행복입니다. 그만큼 더 깊게 오래오래 느낄 수 있습니다. 너무 감각적인 것들만 추구하지는 말도록 합시다.

모처럼 어제 하루 종일 집에만 있다 보니 정말 쉰 것 같다는 생각이 듭니다. 집에서 종일 딸아이와 있으면서 소꿉장난도 하고 숨바꼭질도 했습니다. 딸아이가 잠들었을 때는 읽고 싶었던 책도 마음껏 읽으며 글도 좀 썼고, 음악도 들었고, 보고 싶었던 영화도 다 운받아 봤습니다.

그렇게 하루를 보내니 제대로 쉰 것 같다는 생각이 들었죠. 딸아이와 더 많이 놀아 주지 못한 것에 대해 오히려 미안한 마음도 생겼습니다. 제가 매번 휴일마다 집에서 쉬지는 않겠지만 그렇다고 무조건 특별한 것을 해야 한다는 강박 관념은 지우게 된 의미 있는 하루였습니다.

과잉 정당화 효과
Over justification effect

내가 지금 즐기고 있는 일은
그냥 이대로 즐겨야 합니다. 

우린 누구나 이미 잘 즐기고 있는 일들이 있습니다. 저는 책 읽기, 글쓰기, 영화 보기, 음악 듣기 등을 즐깁니다. 만약 제가 좋아하는 음악을 한 번 들을 때마다 누군가 500원씩 준다면 어떨까요? 물론 처음에는 좋겠죠. 좋아하는 음악을 들을 때마다 500원씩 준다는데 마다할 사람이 누가 있겠습니까? 꿩 먹고 알 먹기도 이런 꿩과 알이 없죠.

그런데 그런 보상이 계속 반복된다면 어떨까요? 처음에는 신이 나서 음악을 마구 듣겠지만 점점 흥미를 잃을 것 같습니다. 내가 좋아서 음악을 듣는다는 생각보다 돈을 받기 위해 듣는다는 생각이 드니까요. 처음에는 음악을 듣는 이유가 내가 좋아서였습니다. 하지만 돈이라는 보상을 받고 나서부터는 음악을 듣는 이유가 돈 때문으로 바뀔 수 있습니다. 즉, '내가 좋아서'라는 내적 동기가 '돈 때문에'라는 외적 동기로 변했습니다.

이처럼 외부 요인에 의하여 내적 동기가 외적 동기로 변화하는 현상을 과잉 정당화 효과라고 말합니다. 이는 외적 동기를 지나치게 정당화하는 우리 마음에서 비롯된 것입니다. 쉽게 말해 '돈(외부 동기)을 받으니까 내가 이 일을 하고 있는 거야.'라고 생각하게 되는 것이죠.

우리는 이러한 과잉 정당화 효과를 경계해야 합니다. 왜냐하면 이미 충분히 스스로 즐기고 있는 것들이 외부 보상의 유입으로 인해 망가질 수 있기 때문입니다. 우리의 내적 동기를 가장 쉽게 망칠 수 있는 것이 바로 돈입니다. 이미 내가 즐기고 있는 일에 돈이 보상으로 주어지기 시작하면 곤란해집니다. 처음에는 좋을 수 있지만 나중에는 나도 모르게 돈의 힘에 이끌려 그 일을 하고 있을 수 있기 때문입니다.

로체스터 대학의 심리학 교수 에드워드 데시Edward Deci는 과잉 정당화와 관련된 퍼즐 실험을 진행했습니다. 실험 참가자들을 두 집단으로 나누고 두 집단 모두에게 의무적으로 퍼즐을 풀게 했습니다. 한 집단에게는 퍼즐을 풀 때마다 상금을 주었고, 다른 집단에게는 퍼즐을 풀어도 아무런 보상이 없었습니다.

첫 번째 실험이 끝나고 두 번째 실험이 시작되었습니다. 두 번째도 역시 퍼즐을 푸는 실험이었습니다. 그런데 두 번째 실험에서는 첫 번째와 달리 퍼즐을 반드시 풀지 않아도 된다는 한 가지 사실이 달라졌습니다. 참가자들의 마음에 따라 풀어도 되고 안 풀어도 되는 상황이었죠.

결과는 퍼즐을 풀었을 때 상금을 받았던 학생들보다 풀어도 상금이 없었던 학생들이 오히려 더 많이 풀었습니다. 퍼즐을 실제로 더 즐긴 것입니다. 반면 상금을 받았던 학생들은 퍼즐을 풀어도 이제 더는 상금이라는 보상을 받지 못하니 퍼즐 자체를 즐길 생각이 없어진 것이죠.

저는 회사를 다니는 것 자체가 즐거웠습니다. 무엇보다 회사 동료들, 선후배들과 어울려 지내는 것이 즐거웠습니다. 매장 영업 관리를 하며 발생하는 여러 일들에 즉각적으로 대응하고 문제를 해결해 나가는 과정에서 보람을 느꼈습니다. 솔직히 연봉이 높아서, 처우가 좋아서 회사를 다니는 것은 아니었습니다. 그냥 회사 생활 자체에 대해 만족했습니다.

그런데 만약 고액의 연봉을 제시하는 누군가가 제게 스카우트 제의를 해 왔다면 어땠을까요? 그럼 저는 어떤 생각이 들었을까요? 물론 처음에는 많이 고민이 되었겠죠. 높은 연봉이라는 말에 아마 혹했을지도 모릅니다. 제가 높은 연봉에 혹해서 이직 제의를 받아들였다면 저는 후회했을 것 같습니다. 이미 충분히 즐기고 있는 일에 금전적 보상이 끼어들었기 때문이죠.

초반에는 만족할지 몰라도 시간이 갈수록 점차 그러한 혜택에 무뎌지고 일 자체에 흥미를 못 느끼게 되었을 수도 있습니다. 그래서 저는 이미 제가 즐기고 있는 일에 대해서 금전적 혜택이 주어지는 것을 경계합니다. 그것이 꾸준한 행복을 느낄 수 있는 현명한 방법이라고 생각합니다.

이 글을 읽는 여러분도 자신이 사랑하는 일이 있다면 그 일을 있는 그대로 하던 대로 사랑하시기 바랍니다. 누군가 금전적 혜택을 제공하며 계속 그 일을 해 달라고 청하면 단호히 거절하세요.

반대의 경우도 마찬가지입니다. 지금 당신이 하고 있는 일에 금전적 혜택이 많이 뒤따르지 않는다고 해서 실망하지 마세요. 지금 당신이 사랑하는 일은 그 상태로 사랑하기에 그만큼 더 의미가 있는 것입니다. 그냥 사랑하기에 진정으로 즐길 수 있는 것입니다. 만약 다른 금전적 혜택이 주어지면 오히려 나중에 그 즐거움이 반감되거나 변질될지도 모릅니다.

저에게는 지금 글쓰기가 그렇습니다. 제게는 글을 쓰는 것 자체가 큰 즐거움입니다. 글을 쓰며 남에게 도움을 준다는 느낌과 제가 스스로 도움을 받는다는 느낌이 들어요. 그런 날이 올지는 모르겠지만 만약 제 글에 대해 누군가 거액을 준다고 하면 저는 심각한 고민에 빠질 것입니다. 당장은 그 돈을 받고 싶겠지만 결국 '과잉 정당화 효과'를 떠올리며 스스로 경계하겠죠. 그것이 제가 좋아하는 글쓰기를 계속해서 좋아하고 즐기는 현명한 방법이라고 생각합니다.

사랑하는 사람도 마찬가지입니다. 당신이 사랑하는 사람이 있다면 그 사람을 그냥 사랑해야 합니다. 이미 사랑하고 있는 사람이 어느 날부터 느닷없이 나에게 많은 금전적 혜택을 제공해 준다고 가정해 봅시다. 갑자기 밥도 사 주고 영화도 보여 주고 여행도 보내 줍니다. 때만 되면 선물도 사 주는 등 금전적 지원을 아끼지 않습니다. 그런데 이미 사랑하고 있는 사람이 계속 그렇게 해 주면 어떨까요? 마냥 좋기만 할까요?

물론 처음에는 좋겠죠. 다른 사람도 아닌 사랑하는 사람이 그렇게나 넘치는 금전적 혜택을 제공해 주니 말이죠. 하지만 그러한 지원이 끊기게 되면 당신은 그를 사랑하지 않게 될지도 모릅니다. 어느 순간 사랑의 이유가 그 사람 자체가 아니라 그 사람이 제공해 주는 금전적 혜택으로 변해 버린 상황일 수 있기 때문이죠. 금전적 혜택뿐만이 아닙니다. 이러한 외부 동기에는 사회적 명성, 지위, 명예, 권력 등과 같은 비금전적 요인들도 있다는 점을 꼭 알아 두셨으면 합니다.

요컨대 자신이 지금 즐기고 있는 일이 있다면 그냥 그대로 즐기시기 바랍니다. 만약 누군가 당신이 즐기는 일에 외적 혜택 요인을 제공해 주겠다고 하면 심사숙고해 보시기 바랍니다. 당신이 그러한 혜택과 무관하게 계속 그 일을 사랑할 수 있는지 냉정하게 생각해 보시기 바랍니다. 혹여 그럴 자신이 없다면 단호하게 거절하세요. 그것이 앞으로도 당신이 사랑하는 일을 변함없이 사랑할 수 있는 가장 현명한 방법입니다.

아론 벡 Aron Beck 의
인지 행동 치료
Cognitive behavior therapy

우리는 부정적 사건 때문에 고통받는 것이 아니라
그것을 부정적으로 바라보기 때문에 고통받는 것입니다. 

지인에게 한번은 이런 일이 있었어요. 그는 유통업체 영업점에서 근무한 적이 있습니다. 당시에 패션 잡화 영업 팀을 담당하고 있었는데 발령이 나서 새롭게 화장품 팀을 담당하게 되었습니다. 그는 새로운 팀을 담당하게 되면 필요에 따라서 팀원들의 브랜드별 업무 분장을 다시 할 생각이었습니다. 그런데 그가 발령이 나기 직전 전임자가 새롭게 팀 내 업무 분장을 싹 다 해 버렸습니다.

그는 정말 황당하고 어이가 없었습니다. 떠나는 사람이 기존 조직의 업무 분장을 싹 바꾸고 떠나다니요. 정말이지 그의 상식과 경험으로는 이해할 수 없는 일이었죠. 그는 당연히 패션 팀을 떠나오면서 기존 브랜드별 업무 분장에 손대지 않았습니다. 다만 새로운 후임자에게 업무 분장과 관련해 필요한 조언 몇 가지만 제공했습니다. 물론 최종 결정은 후임자의 몫으로 남겨 두었고요. 그는 새로운 업무 분장을 해 놓고 간 전임자에게 굉장히 화가 났습니다. '무시당했다'라는 느낌도 들었다고 했습니다. 그래서 더 화가 났던 것도 같습니다.

저는 그의 이런 얘기를 듣고 곰곰이 생각해 봤습니다. 앞에서도 언급했던 에픽테토스에 의한다면 이 사건은 그 자체로 긍정적이지도 부정적이지도 않습니다. 그런데 그는 '이해할 수 없다. 내가 무시당한 것 같은 느낌이다.'라고 생각하면서 부정적으로 해석한 것이죠. 그리고 이러한 부정적 해석이 그에게 부정적 고통을 안겨 준 것입니다.

사실 그 전임자는 좋은 뜻으로 그렇게 한 것일 수도 있습니다. 아무래도 화장품 팀에 대한 경험이 그보다는 풍부하고 기존 팀원들의 업무 경험과 이력 등을 더 잘 파악하고 있었겠죠. 그런 면에서는 전임자가 새로이 업무 분장을 하는 것이 어쩌면 더 나을 수 있다는 생각을 했을 수도 있습니다. 그렇게 따진다면 '전임자에게 화를 낼 것이 아니라 고마워해야 할 수도 있겠다.'라는 생각도 들었습니다. 이후에 저는 이런 생각을 그에게 얘기해 주었습니다. 그는 제 생각을 듣고 부정적으로 해석하지 않으려 애썼습니다. 똑같은 사건을 두고 계속 부정적으로 해석하면 그만큼 더 고통받고 그만큼 더 힘들어지니까요.

인지 치료 심리학자 아론 벡에 따르면 우울증 환자들이 지니는 대부분의 우울증 원인은 현실을 자동적이고 부정적으로 인식하는 부정적 시스템에서 기인한다고 합니다. 이러한 부정적 이해와 해석으로 일상생활 속에서 다양한 인지적 오류를 범하기도 한다는 말인데요. 벡은 이러한 인지적 오류를 설명하며 흑백 논리적 사고, 과잉 일반화, 개인화, 의미의 확대와 축소, 잘못된 명명, 예언자의 오류 등을 예로 듭니다.

더욱 다양한 예들이 있지만 여기서는 우리가 일상에서 특히 많이 범하는 오류들을 몇 가지 소개해 보겠습니다.

첫 번째로 흑백 논리적 사고입니다. 예를 들면 이런 것이죠. 회사에서 내가 관심 있는 동료에게 점심을 한 번 먹자고 제안합니다. 그런데 그는 그 시간에 다른 선약이 있어서 미안하다고 얘기합니다. 그러자 나는 생각합니다. '내가 밥을 먹자고 했는데 응하지 않네. 나를 싫어하나 보다.'라고 생각해 버립니다. '나의 식사 제안에 응하면 나에게 호감이 있는 것이고, 거절하면 호감이 없는 것이다.'라고 쉽게 단정을 지어 버리는 것이죠. 말 그대로 이분법적인 사고입니다.

그럴 때는 대신 이렇게 생각할 수도 있잖아요. '아, 정말 다른 일정이 있어서 시간 내기 어려운가 보구나. 조만간 다시 식사 제안을 해 봐야겠다.' 그렇게 하는 것이 내 마음도 더 편안해지는 길입니다. 몇 번의 제안에도 계속 거절당한다면 그때 가서 '나에게 정말 관심이 없구나.' 하고 생각해도 늦지 않아요. 단 한 번의 결과로 모든 것을 판단해 버리는 우(愚)를 범하지 말아야 합니다.

두 번째는 과잉 일반화입니다. 누구나 힘든 시절을 겪을 때가 있습니다. 하는 일마다 쉽게 되는 것이 하나도 없을 때가 있죠. 정말 짜증이 나고 다 때려치우고 싶습니다. 그럴 때는 나도 모르게 이런 생각이 듭니다. '아, 진짜 되는 일이 하나도 없네. 왜 다 이 모양이지?' 그런데 정말 다 그 모양일까요? 정말 되는 일이 하나도 없는 것일까요?

회사 주재원 시험에서 떨어지고 어학 시험에서도 원하는 점수를 받지는 못했지만 부서 실적이 좋아서 우리 팀만 연말 보너스를 받는 경우도 있을 수 있고요. 차 타이어가 펑크 나고 불법 주정차 딱지가 날아왔지만 아이를 위해 대기를 걸어 두었던 어린이집에서 운 좋게 연락이 올 수도 있습니다. 내가 탑승할 예정이던 비행기가 연착되어 공항에서 2시간을 허비하게 생겼지만 평소 친하게 지내던 옆 부서 동료가 내가 근무하는 팀으로 발령이 나서 기분이 좋을 수도 있습니다.

세상을 살아가면서 누군가에게는 특별히 좋은 일들만 생기고 누군가에게는 특별히 안 좋은 일들만 생기라는 법은 없습니다. 단지 그러한 일들을 어떠한 마음을 가지고 어떻게 받아들일 것인가가 더 중요합니다. 우리가 원하는 대로 좋은 날씨 속에서만 살 수는 없듯이 우리에게 좋은 일들만 생겨나게 할 수는 없습니다. 대신 날씨에 대한 태도를 바꿀 수 있는 것처럼 우리에게 벌어지는 일들에 대한 자세는 바꿀 수 있습니다.

힘든 일만 계속 일어나고 되는 일이 '하나도' 없는 것 같은 때도 잘되고 있는 일은 분명 있습니다. 단지 고단한 내 감정으로 인해 가려져 보이지 않는 것뿐이죠. 이 세상에서 정말 내 일만 제대로 풀리고 있지 않다는 생각이 든다면 그건 스스로가 너무나 큰 부정적 사고에 얽매여 있는 것은 아닌지 생각해 볼 필요가 있습니다.

세 번째는 개인화의 오류입니다. 쉽게 말하면 주위에서 발생하는 일들을 모두 자신의 부정적인 면과 연관해서 생각하는 것입니다. 가령 이런 것입니다. '아침부터 까마귀를 보았다. 까마귀가 오늘 내게 안 좋은 일이 있을 거라고 암시해 주려고 내 앞에 나타났나 보다.' '수영장에 오늘 따라 낙엽이 많이 떠 있네. 뭔가 불길한 일이 있으려나 보다. 수영하지 말아야지.' '버스를 진짜 5초 차이로 아깝게 놓쳤네. 오늘 재수가 없는 날인가 봐. 조심해야겠다.'

과연 이러한 생활 속 현상들이 정말 내게 어떤 의미를 부여하고 일어나는 것일까요? 그것은 아무도 모릅니다. 하지만 중요한 것은 불길해 보이는 일도 불길하게 보지 않는 태도입니다. 불길해 보이는 일도 길해 보이는 태도로 대한다면 부정적 감정에 휩싸이지 않을 수 있습니다.

누구는 IMF 외환 위기를 겪고 싶어서 겪었고 누구는 메르스 MERS, Middle East Respiratory Syndrome(중동 호흡기 증후군)를 겪고 싶어서 겪었으며 누구는 몇십 년만의 살인적인 더위를 겪고 싶어서 겪는 것일까요? 그런 일들은 나의 의지와 관계없이 벌어지고 또 지나가고 하는 사건들입니다. 중요한 것은 그런 일들을 내가 겪었다고 신세를 한탄하는 게 아닙니다. 그러한 사건들을 내가 어떻게 받아들이고 어떻게 바라볼 것인지가 중요합니다.

나는 아름다움과 추함, 질서와 혼돈을 자연의 탓으로 돌리지 않는다고 경고한다. 오직 우리의 상상력에 의해서만 사물이 아름답거나 추하거나, 질서정연하거나 무질서하다고 일컬을 수 있다.

– 바뤼흐 스피노자Baruch de Spinoza, 네덜란드 철학자

자연은 그 자체로 아름답지도 않고 추하지도 않습니다. 자연은 예전 그대로의 자연일 뿐입니다. 단지 우리가 자연을 어떻게 바라보느냐에 따라 자연은 아름답게 보이기도 하고 그렇지 않게 보이기도 합니다. 자연은 우리 상상 속에서 아름다우며 우리의 생각 속에서 꽃을 피웁니다. 자연이 아름다울 것인지 그렇지 않을 것인지는 우리 각자가 결정합니다.

우리의 생각은 우리가 짐작하는 것 이상으로 큰 힘을 지니고 있습니다. 대자연의 아름다움까지도 결정할 수 있는 우리의 생각을 밝고 긍정적으로 활용해 보도록 합시다.

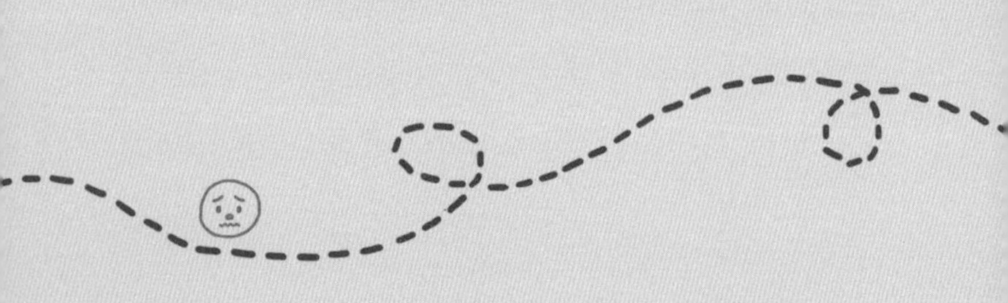

네 마음을
내 맘대로

소유 효과
Endowment effect

새로운 것은 주지 않아도 돼요.
다만 지금 내 손안에 있는 것을 뺏진 마세요. 

사람들은 지금 가지고 있는 것을 잃게 되는 상실감이 더 클까요, 아니면 지금 가지고 있는 것보다 더 많이 가지려 하는 획득 욕구가 더 클까요? 심리학에서는 전자의 경우가 더 크다고 얘기합니다. 즉, 새로운 것을 갖기보다 지금 가지고 있는 것을 놓치지 않으려는 욕구가 더 큰 것입니다.

5살 난 제 딸에게 밥을 먹여야 하는 상황이라 가정해 봅시다. '세령아, 지금 밥 먹으면 사탕 하나 더 줄게.'라고 말하는 것보다 '세령아, 너 지금 밥 안 먹으면 손에 들고 있는 사탕 하나 뺏는다!'라고 말하는 것이 훨씬 효과적이라는 얘기입니다.

심리학에서는 이를 소유 효과로 설명합니다. 미국의 행동

경제학자 리처드 세일러^{Richard H. Thaler}가 이름 붙인 심리학 이론인데요. 자신이 직접 소유하기 전에 평가하던 가치보다 직접 소유해 본 이후 평가하는 가치가 상승하는 심리적 현상을 말합니다.

가장 대표적인 경우가 바로 상품 체험단입니다. 기업에서 신제품을 출시합니다. 말 그대로 신제품이기 때문에 초창기에는 가급적 많은 소비자가 제품을 경험하도록 해야 합니다. 그래서 기업은 신제품 출시 홍보를 위해 초반에는 주로 무료 체험단 행사를 진행합니다. 체험단에 선발되면 무료로 신제품을 2~3주간 사용해 볼 수 있는 기회를 얻습니다. 사용 기간 후에는 돌려주기만 하면 됩니다.

그런데 여기서 재미있는 조건이 하나 붙습니다. 원하기만 한다면 사용 기간 종료 후 해당 상품을 그대로 계속해서 사용할 수 있게 해 준다는 것이죠. 이 중에 실제로 정식 구매를 하는 소비자들이 생겨납니다. 저는 이를 소유 효과로 설명하고 싶습니다. 즉, 처음에는 호기심에 신상품을 무료로 사용했는데, 일정 기간 사용하는 과정에서 그 상품에 대한 소유 효과가 발생한 것입니다. '내 것'이라는 생각이 들고 나니 사용 전보다 해당 상품에 대한 가치를 더욱 높이 평가하게 된 것입니다. 쉽게 말하면 쓰던 무료 제품에 '애착'이 생긴 거죠.

행동 경제학자 리처드 세일러와 대니얼 카너먼^{Daniel Kahneman}은 대학생들을 대상으로 소유 효과를 실제로 실험합니다. 모두 같은 대학의 학생들로 두 개 그룹을 만들고 첫 번째 그룹에게는 해당 대학의 로고가 새겨진 머그 컵을 선물로 줍니다. 그리고 두 번째 그룹에게는 그 컵을 살 수 있는 돈을 줍니다. 그런 다음 첫 번째 그룹에게 물어봅니다. "이 컵을 가지세요. 이 컵은 이제 당신 것입니다. 만약 이 컵을 되판다면 얼마에 파시겠습니까?" 대답의 평균값은 5.25달러였습니다.

이번에는 두 번째 그룹에게 물어봅니다. "만약 지금 받은 돈으로 저 머그 컵을 산다면 얼마에 사시겠습니까?" 이 질문에 대한 평균 지불 의향 가격은 2.75달러였습니다. 팔려는 가격과 사려는 가격을 물어봤을 때 약 2배 차이가 났습니다.

같은 대학교의 학생들에게 같은 머그 컵을 두고 조사한 가격인데 어째서 2배씩이나 차이가 났을까요? 세일러는 이 과정에서 소유 효과가 작용한 것이라고 설명합니다. 즉, 동일한 물건을 두고 잠시라도 내 것이 되었을 때 매기는 가치가 내 것인 적이 없는 것을 판단할 때 매기는 가치보다 높다는 말입니다.

그러므로 기업에서 마련한 어떤 신상품 체험단에 관심이 생긴다면 꼭 한 번 생각해 보시기 바랍니다. '난 정말 딱 체험까지만 하고 돌려줘야지.'라는 생각이라면 그냥 체험 자체를 안 하는 것도 고려해 봐야 합니다. 소유 효과로 인해 의도하지 않은 구매 가능성이 생기기 때문입니다.

이러한 소유 효과는 일상 속에서 역으로 활용해 볼 수도 있습니다. 다른 사람의 마음을 움직이기 위해 상대방에게 제안하는 경우를 생각해 봅시다. 내 제안을 받아들이면 새로운 무엇인가를 제공해 주겠다는 방식은 효과가 떨어질 수 있습니다. 대신 '제안을 받아들이지 않으면 무언가를 빼앗겠다.'라고 접근하는 편이 오히려 나을 수도 있다는 얘기입니다. 약간 치사할 수도 있지만 소유 효과에 따르면 틀림없이 효과적인 방법입니다.

저는 다음과 같이 활용해 본 적이 있습니다. 제가 근무했던 유통업체에서 중요한 관리 포인트 중 하나가 바로 상품 창고 크기입니다. 상품 보관 창고의 전체 면적이 매출 규모에 비해 그리 넓지 않기에 각 브랜드 입장에서는 할당된 브랜드별 창고 크기에 매우 민감합니다. 창고 면적이 클수록 많은 상품들을 보관할 수 있고, 많은 상품들을 보관할 수 있어야 더 높은 매출을 올릴 수 있기 때문이죠. 200개가 넘는 브랜드를 한꺼번에 관리해야 했던 저로서는 각 브랜드들의 동기 부여를 위해 창고 면적을 활용해야 했습니다.

처음엔 창고 운영 규칙을 잘 준수하는 브랜드에게는 사용할 수 있는 창고 면적을 더 제공했습니다. 브랜드들의 반응이 좋았지만 계속 시행하다 보니 효과가 점점 떨어지는 것을 느꼈습니다. 몇몇 브랜드 담당자들과 인터뷰해 봤더니 '그냥 지금 사용하는 창고라도 잘 쓰자'라는 생각이 많았음을 알게 되었습니다. 추가적인 창고 면적은 '줘도 그만 안 줘도 그만'이라는 심리가 작용한 거죠.

방법을 바꿔 보기로 했습니다. 소유 효과의 심리에 따른 지침을 마련한 겁니다. 즉, '제대로 준수하지 않으면 현재 사용하는 공간이 축소될 수 있다.'라고 말이죠. 물론 저도 마음은 좋지 않았습니다. 더 주지는 못할지언정 뺏는다니요? 하지만 전체 관리 관점에서 창고 사용 효율성 및 청결성을 위해 어쩔 수 없이 시행하는 나름 특단(特段)의 조치였습니다. 결과는 성공적이었습니다. 새로운 공지가 나간 이후 창고 사용의 효율성과 청결성이 눈에 띄게 증가했거든요. 만약 당신이 한 조직의 운영자나 책임자라면 이러한 소유 효과를 반드시 기억해 두시길 바랍니다.

"이번 1/4분기 매출 목표를 달성하면 전 직원 모두 해외 포상 휴가를 보내 주겠습니다." 보통 사장님이 이런 선언을 하면 직원들은 환호성을 지르죠. "와! 우리 사장님, 진짜 멋져요. 꼭 열심히 해서 해외여행 가도록 하겠습니다!" 축제 분위기입니다. 포상으로 해외여행을 간다고 생각하니 벌써부터 설레기 시작한 임직원들도 보입니다. 그런 모습을 보며 사장님 역시 흐뭇해집니다.

하지만 냉정하게 본다면 이러한 분위기가 직원들의 실제 동기부여로 이어질 가능성은 낮습니다. 정작 직원들 입장에서는 해외여행은 가도 그만, 안 가도 그만일 수 있기 때문입니다. 힘들게 일해서 추가적 목표 달성을 하는 것보다 차라리 기존에 하던 만큼만 하고 해외여행 안 가는 쪽을 더 선호할 수 있다는 얘기입니다. 그리고 사실 해외여행 자체가 예전처럼 '와~' 할 일은 아니잖아요. 최근에는 제주도 가는 것보다 차라리 가까운 동남아로 가는 게 더 싸다고 하는데요.

약간 치사하지만 좀 더 효과적인 방법은 따로 있습니다. 매출 목표를 달성하지 못하면 기존에 제공했던 자사 제품의 임직원 할인 구매 혜택이 축소될 수 있다고 말하는 것입니다. 사실 자사 제품의 임직원 할인 혜택은 직원 개개인마다 다르게 다가올 것입니다. 누군가에게는 굉장히 중요한 혜택일 수도 있고 누군가에게는 별로 관심 없는 혜택일 수도 있습니다.

하지만 매출 목표 달성에 실패하면 내가 누리고 있는 현재 혜택이 없어진다는 말에는 누구든 한 번쯤 신경을 쓰기 마련입니다. 무엇을 잘하면 무엇을 더 준다는 것이 아니라, 무엇을 잘못하면 현재 소유한 무언가를 뺏는 형태이기 때문에 이러한 제안을 받는 상대방의 입장에서는 몹시 불쾌할 수도 있겠죠. 일상생활에서 이러한 소유 효과를 적용해 보기로 마음먹었다면 주의를 기울여야 합니다.

그래서 저는 이 방법을 주로 성인보다는 아이들에게 사용하려 합니다. 예를 들면 이런 식이죠. 제 아들이 올해 초등학교 2학년이 됩니다. 이 녀석은 게임을 지나치게 좋아합니다. 지금 이 글을 쓰는 제 옆에서도 게임과 숙제, 게임과 숙제를 반복하고 있습니다. 저는 아들에게 이런 제안을 하고자 합니다. "동건아, 동건이는 아빠랑 약속한 게 있지? 주말에는 하루에 1시간 30분 동안 게임할 수 있게 해 준 것 말이야. 그런데 동건이가 아빠랑 엄마 말 잘 안 들으면 게임 시간을 1시간 줄일 거야. 어때?"

사실 제안하기 전에는 아들 녀석이 이런 얘기를 들으면 씩씩거리며 펄펄 뛸 것으로 예상했었습니다. 자신에게 무언가를 더 주는 것이 아니라 자기 것을 뺏는다는 내용이기 때문에요. 하지만 제 아이는 예상외로 순순히 대답했습니다. "뺏는다고? 응, 알겠어." 그러고 나서 아들은 당분간이긴 했지만 저와 아내의 말을 조금 더 잘 들었습니다.

만약 지금 이 글을 읽고 있는 당신이 어린아이의 부모이거나 한 조직을 이끄는 팀의 리더라면 '소유 효과'를 꼭 기억해 보세요. 가진 것은 이왕이면 계속 유지하고 싶어 하는 마음을 활용해서 어쩌면 당신이 원하는 것을 조금 더 쉽게 얻을 수도 있을 테니까 말이죠.

죽음 방지 메시지 효과
Death-is-stronger-than-life effect

누군가에게 부탁할 때
'낙관적인 결과를 얻기 위해서'보다
'비관적인 결과를 예방하기 위해서'라고 말해 봐요.

우리는 많은 부탁을 하며 살아갑니다. "보고서 기한을 좀 연장해 주시면 안 될까요?" "10분만 더 기다려 주시면 안 될까요?" "제가 복사를 조금만 먼저 하면 안 될까요?" "커피 맛이 좀 이상한데, 다시 한 잔 부탁드려도 될까요?(실제로 지금 이 글을 쓰고 있는 카페에서도 커피 맛이 이상하게 느껴져 다시 주문했습니다. 커피에서 세제 맛이 느껴졌어요. 물론 제 느낌일 수도 있지만요)"

사실 부탁만 잘해도 삶은 더욱 풍요로워지고 윤택해집니다. 어쩌면 세상살이에 밝은 사람들은 부탁을 잘하는 사람일지도 모른다는 생각이 듭니다. '말 한마디에 천 냥 빚도 갚는다.'라는 말도 있잖아요. 그래서 이 글에서는 '부탁을 잘할 수 있는' 방법을 소개하고자 합니다.

우선 부탁하는 방법은 두 가지로 생각해 볼 수 있습니다. 상대방이 부탁을 들어주면 생기는 좋은 결과를 말하는 것과 상대방이 부탁을 들어 주지 않으면 생기는 나쁜 결과를 말하는 것입니다.

먼저 첫 번째 경우를 생각해 보죠. 한 노숙자가 구걸을 하는 상황입니다. "저기, 적선 좀 해 주시면 안 될까요? 도움을 주시면 제가 따뜻한 밥 한 끼를 먹을 수 있습니다." 이번에는 두 번째 방식입니다. 부탁을 들어주지 않을 때 발생할 수 있는 안 좋은 결과에 대해서 언급합니다. "적선 좀 해 주시면 안 될까요? 오늘도 굶으면 저는 4일째 한 끼도 먹지 못하게 됩니다."

여러분은 어떤 부탁을 들었을 때 더 마음이 움직이나요? 저는 두 번째 접근 방법을 추천합니다. 부탁을 들어주지 않았을 때의 상황이 생생하게 그려지기 때문입니다.

'죽음 방지 메시지 효과'라는 이론이 있습니다. 누군가에게 무엇을 부탁할 때 "부탁을 들어주면 생명을 살릴 수 있어요."라고 말하는 것보다 "부탁을 들어주지 않으면 사람이 죽을 수 있어요."라고 말하는 것이 더욱 효과적이라는 심리학 법칙입니다. 즉, 부탁을 들어주면 생기는 좋은 결과를 말하는 것보다 부탁을 들어주지 않으면 생기는 안 좋은 결과를 말하는 것이 더욱 효과적이란 말입니다.

죽음 방지 메시지 효과에 따르면 '지금 성금을 하지 않으면 한 아이의 생명이 위험할 수도 있다'라고 얘기하는 것이 '지금 지원을 해 주면 한 아이가 더 건강해질 수 있다'라고 하는 것보다 상대방의 마음을 쉽게 움직일 수 있다고 합니다.

그렇다면 죽음 방지 메시지는 어떤 원리일까요? 부탁받는 사람의 입장에서 한번 생각해 보겠습니다. '부탁을 들어주면 이런 긍정적 효과가 있다'라는 말을 듣는 것보다 '부탁을 들어주지 않으면 이런 부정적 효과가 있다'라는 말을 듣는 것이 아무래도 더 신경 쓰입니다. 좋은 효과는 사실 있어도 그만 없어도 그만이지만 부정적 효과는 있으면 안 된다는 생각이 작용하니까요.

"(기차역 음료 판매점에서)저, 죄송한데 제가 먼저 좀 음료를 주문해도 괜찮을까요? 먼저 주문하지 못하면 열차를 놓칠 수도 있을 것 같아서요." 만약 당신이 이러한 부탁을 받았다면 부탁을 들어줄 것 같으세요? 아니면 '뭐야, 그건 당신 사정이지.'라고 생각하며 부탁을 거절할 것 같으세요? 사람마다 차이는 있겠지만 저는 "그러세요."라고 합니다. 열차를 놓칠 수도 있다고 하잖아요. 한 사람 정도 양보해 주는 것이 제 입장에서도 큰일은 아니기 때문입니다. 즉, 나에게 큰 피해를 주는 상황이 아니라면 저는 먼저 주문하라고 합니다. 나 때문에 열차를 놓칠 수도 있다는 '괜한' 미안함이 있거든요.

사실 열차를 놓칠 것 같으면 미리미리 주문을 하든지, 아니면 그냥 마시지 말고 열차에 오르든지 해야 하는 것 아닌가요? 어쨌든 그가 만약 정말로 열차를 놓치게 되면 나 때문일 수도 있다는 공연한 미안함이 생길 것 같아서 양보하게 됩니다.

죽음 방지 메시지 효과는 바로 부탁받는 사람의 이러한 비합리적인 미안함을 이용하는 것으로 일상생활의 다양한 부분에서 활용할 수 있습니다. 직장, 학교, 가정, 모임 등에서 부탁을 해야 하는 상황이라면 모두 적용 가능합니다. 다음의 가상 사례를 한번 살펴볼까요? 최 과장이 아내에게 회식 때문에 늦을 상황에 대해 미리 양해를 구합니다.

A 여보, 정말 미안해. 오늘 회식 때문에 늦을 것 같아. 내가 이직하고 1주일밖에 안 지났잖아. 그래서 회식에 참석해 새 회사 사람들과 더 친해지고, 새 팀장님께도 더 좋은 인상을 심어 주려고….

B 여보, 정말 미안해. 오늘 회식 때문에 늦을 것 같아. 내가 이직하고 1주일밖에 안 지났잖아. 회식에 참석하지 않으면 사람들과 친해지기도 어렵고, 무엇보다 팀장님께 찍힐 것 같아. 팀장님한테 찍히면 앞으로 회사 생활이 엄청 고달파지겠지….

당신이 최 과장의 아내 입장이라면 어느 쪽 얘기를 들을 때 더 마음이 움직일 것 같으세요? 물론 "어떤 경우든 오늘은 안 돼. 오늘은 무조건 일찍 들어와!"라고 말할 수도 있습니다. 죽음 방지 효과에 따르면 B입니다. 회식에 참석하지 않으면 발생할 부정적 상황에 대해서 얘기하는 것이죠.

물론 이렇게 부정적으로 말한다는 것이 좋은 이미지는 아닙니다. 사람들은 그래도 부정적인 상황보다는 긍정적인 상황을 더 선호할 테니까요. 하지만 부탁하는 사람 입장에서는 부정적인 상황을 활용해야 합니다. 부탁하는 입장에서는 일단 상대방이 내 부탁을 들어주는 것이 중요하기 때문이죠.

오늘 누군가에게 부탁할 일이 있나요? 그럼 죽음 방지 메시지 효과를 한번 활용해 보세요. 상대방이 당신의 부탁을 들어줄 확률이 올라갈 것입니다. 안 좋은 쪽으로 얘기하는 것이 당신의 성향에는 안 맞을 수도 있겠지만 상황에 맞게 이를 잘 활용해 보시기 바랍니다.

부탁을 잘하는 것보다 더 중요한 점이 있습니다. 바로 '부탁하는 것' 자체를 두려워하지 않는 마음입니다. 부탁하는 것 자체를 괜히 어색해하고 불편해하는 사람들이 있습니다. 혹시 당신도 그런 편인가요? 그러실 필요 없습니다. 부탁은 하라고 있는 것입니다. 부탁한다는 것 자체가 상대방에게 어떤 피해를 주지는 않습니다. 그러니까 필요할 때는 당당하게 부탁하는 용기와 자세를 가지면 좋겠습니다. 부탁하는 용기와 거절당하는 용기도 함께 챙겨 가는 오늘 하루가 되었으면 좋겠습니다.

유사성 효과
Similarity effect

생소함 속에서 낯익음을 보다. 

　한용은 모처럼 큰마음을 먹고 해외여행을 갔다. 그런데 조금 특별한 해외여행이다. 한국 사람들은 좀처럼 가지 않는 아프리카 오지로의 여행. 모든 것이 생소한 그곳에서 새로운 자신을 찾고 싶었다. 익숙한 곳에서 벗어나 자신의 새로운 모습을 발견하고 새로운 가능성을 발견하고 싶었다. 그곳에서의 모든 것은 정말 낯설고 새로웠다. 기후, 언어, 문화, 음식, 사람들까지 무엇 하나 익숙한 것이 없었다. 익숙한 것이 있었다면 단 하나, 아침에는 해가 뜨고 밤에는 달이 뜬다는 사실뿐이었다. 그렇게 아프리카 오지에서 8일째를 맞이하던 중이었다. 한용은 우연히 아프리카 주민들을 돕는 구호 단체를 방문하게 되었다. 센터에 근무하는 다양한 국적의 사람들 중에서 생각지도 않게 한국 사람 한 명을 발견했다. 검은 머리에 한국말을 쓰는 그는 한용에게 너무나 친숙한 모습으로 다가왔다. 여태껏 살아오면서 같은 한국 사람을 이리도 반가워했던 적이 있었을까?

당신이 만약 한용의 상황이라면 어떠한 느낌이었을 것 같으세요? 만약 저라면 같은 한국 사람을 보고 얼싸안고 덩실덩실 춤이라도 췄을 것 같습니다. 모든 것이 다른 환경에서 나와 유사한 점을 가지고 있는 사람을 만났을 때의 반가움이란 이루 말할 수 없겠죠. 우리는 이처럼 상대방에게서 나와 비슷한 점을 발견했을 때 좀 더 특별한 반가움과 친밀감을 느끼게 됩니다.

이를 심리학에서는 유사성 효과로 설명합니다. 유사성 효과란 자신과 비슷한 속성을 공유하는 대상에 대해 더 긍정적으로 평가하는 경향을 의미하는 심리학 개념입니다. 단순히 나와 비슷한 외모뿐만 아니라 생각, 습관, 성별, 조직, 출신 학교, 패션 스타일 등 매우 다양한 부분에서 유사성을 찾을 수 있습니다. 그리고 그 유사성을 바탕으로 더욱 빠른 친밀감을 형성할 수 있고요. 이러한 유사성 효과 역시 우리 일상의 많은 부분에서 활용할 수 있습니다.

가령 소개팅을 하는 자리입니다. 당신은 별 기대 없이 그 자리에 나갔습니다. 최근 한 달 동안 했던 두 번의 소개팅 역시 별 볼일이 없었기 때문입니다. 그런데 일단 상대방의 외모부터가 괜찮습니다. 미친 듯이 잘 생기진 않았어도 왠지 매력적입니다. 목소리도 나쁘지 않습니다. 중저음의 편안한 톤이 그와 나 사이의 공기를 은은히 감싸 줍니다. 한마디로 당신은 그가 마음에 들었습니다. 이런 상황에서 당신은 상대방에게 어떻게 호감을 살 수 있을까요?

A 저는 지금 하는 일이 마음에 들어요. 원래 책에 관심이 많았거든요. 일하면서 좋아하는 분야의 책도 골라 볼 수 있고 아직 출간되지 않은 책을 볼 수 있다는 것도 장점이죠. 아 참, 저는 시간이 있을 때 주로 카페에 가요. 좋아하는 책 한 권을 읽으며 그린민트 초콜릿 탐앤치노를 마시면 정말 세상은 내 편이라는 생각이 들거든요. 온 세상을 다 가진 것 같죠.

B 지금 하시는 일은 마음에 드세요? 아, 콘텐츠 개발 쪽에서 일하시는군요. 그럼 평소에 책을 많이 보셔야겠네요? 반갑네요. 저도 지금 하는 일이 책과 관련된 일이거든요. 혹시 도움이 필요하시면 말씀하세요. 이쪽 계통에서 일하다 보니 남들이 구하기 어려운 책도 좀 더 쉽게 구할 수 있거든요. 시간 날 때는 주로 뭘 하세요? 아, 여행을 주로 가시는구나. 최근에는 어디에 다녀오셨어요? 아, 해남이요? 땅끝 마을 해남 말이죠? 저도 가 본 적 있어요. 그곳은 해가 질 때 노을이 너무 예쁘더라고요. 거기 있는 절, 미황사(美黃寺)도 가 보셨나요?

성공적인 소개팅을 위해서라면 유사성 효과 이론에 따라 B의 방법을 추천합니다. 일방적으로 내 이야기를 하는 것보다는 상대방에 대한 질문을 통해 대화를 이어 가면 나와 유사한 점을 조금 더 쉽게 찾아낼 수 있기 때문입니다. B 사례의 주인공은 짧은 대화 속에서 '책', '여행', '해남' 등 공통된 소재를 순식간에 세 가지나 찾아냈습니다. 공통된 관심사와 경험을 가지고 대화를 이어 나가다 보면 자신에게 친밀감을 느끼기 시작하는 상대방을 발견할 수 있습니다.

이처럼 적당한 질문과 적당한 자기 이야기를 통해 비슷한 관심사, 비슷한 생각, 비슷한 학교, 비슷한 거주지, 비슷한 경험 등을 발견해 낼 수 있습니다. 처음 만나는 자리에서 발견한 유사함은 상대방이 나에게 호감을 느끼게 하는 중요한 촉매 역할을 합니다. 비슷한 점을 세 가지 이상 발견했다면 이미 소개팅에서 절반은 성공했다고 보시면 됩니다.

살면서 누군가를 처음 만나는 자리가 있죠. 소개팅 자리, 비즈니스 파트너와 업무상 처음 만나는 자리, 처음 보는 사람에게 부탁을 해야 하는 자리 등이 있습니다. 이럴 때는 어김없이 늘 어색함이 주위를 감돕니다. 차라리 시간이 빨리 흘러 이 사람과 잘 아는 사이가 되었으면 할 때도 있습니다. 사람과 처음 만나는 자리를 특히 불편해하는 사람들이 있죠. 이런 사람들은 애초에 그런 자리를 만들지 않으려 하거나 부득이 그런 자리가 생기면 용건만 간단히 말하려고 합니다. 하지만 인간은 감정의 동물이기에 요점만 말하고 자리를 떠나는 사람에게는 친밀감을 느끼기 쉽지 않죠. 친밀감이 없다면 단순한 관계 이상의 관계를 만드는 데에도 어려움이 따를 것입니다.

그런데 재미있는 것은 나와 정말 유사한 점이 없을 것 같은 사람도 계속 얘기를 하다 보면 유사한 점이 한두 가지씩은 꼭 나온다는 사실입니다. 대개 이러한 유사성은 상대방을 알기 위해 던지는 질문들을 통해서 찾을 수 있습니다. 상대방에 대해 하나둘씩 파악해 가다 보면 나와 비슷한 점 한두 가지는 반드시 발견하게 됩니다.

거기서부터 대화의 물꼬를 틉니다. 꽉 막혔던 대화가 거기서부터 시원하게 풀리기 시작하죠. 살았던 동네나 지금 살고 있는 동네가 근처일 수도 있습니다. 아니면 내 가장 친한 친구가 그곳에 지금 살고 있을 수도 있겠죠. 만약 생전 처음 들어 보는 동네라면 자연스럽게 다른 주제로 넘어가야 할 것이고요.

이런 방식으로 대화를 이어 나가다 보면 상대방과 당신의 공통분모를 찾는 것은 시간문제일 뿐입니다. 우리는 어떠한 방식으로든 연결되어 있기 때문입니다. 우리가 지금 살고 있는 곳, 지금 속해 있는 직장, 했던 경험, 꿈꾸는 모습 등 그 어떤 면에서든 반드시 겹치는 지점이 있습니다. 그 겹치는 부분을 찾아내어 거기서부터 대화를 시작해 나가면 됩니다.

단, 유사점을 발견하기 위해 질문할 때 주의할 사항이 있습니다. 아직 서먹한 사이의 사람에게는 너무 많은 질문이나 깊은 질문은 하지 말아야 합니다. 상대방이 불쾌하게 생각할 수도 있기 때문입니다. 가령 '어디 사세요? 아, 그러시군요. 거기서 꽤 오래 사셨나 봐요?' 정도의 질문이면 충분합니다. 거기서 더 나아가 취조(取

調) 수준에 가까운 사적인 질문들은 초면에 상대방을 불쾌하게 만들 수 있습니다.

한편, 이러한 유사성 효과에 너무 의존해서도 안 됩니다. 일종의 부작용이라고도 할 수 있을 텐데요. 혈연, 지연 등이 지나치게 강조되는 경우가 바로 그러한 예입니다. 같은 학교, 같은 집안 식구, 함께 알고 있는 사람들이라는 이유로 그 집단이 아닌 사람들을 배척해서는 안 되겠죠.

자신과 유사한 점이 있어서 친근감을 느끼고 도움을 주는 행위는 자연스러운 우리의 마음입니다. 이러한 마음이 지나쳐서 그 기준에 해당되지 않는 사람들을 배척하거나 그들에게 위화감(違和感)을 주어서는 안 됩니다. 유사성 효과는 처음 만나는 사람에게 좀 더 쉽게 친밀감을 사고, 어려운 처지에 있는 사람들을 더욱 잘 도와주는 정도로만 활용하면 좋겠습니다.

플라세보 정보
Placebo information

제가 먼저 좀 살 수 있을까요?
왜냐하면 제가 먼저 좀 사야 하기 때문입니다. 

당신이 커피 전문점에 갔습니다. 따뜻한 아메리카노 한 잔을 주문하려고 합니다. 그런데 주문을 좀 빨리 하고 싶습니다. 왜냐하면 7분 뒤에 중국어 수업이 시작되거든요. 앞에 주문하려는 사람이 한 명 있습니다. 저 사람이 주문하고 나서 내가 주문하면 수업에 늦을 것 같습니다. 이런 상황에서 어떻게 하시겠어요? 부탁을 한다면 어떻게 부탁해 보시겠어요?

A 저기, 죄송한데 먼저 좀 주문을 할 수 있을까요? 정말 죄송합니다.

B 저기, 죄송한데 먼저 좀 주문을 할 수 있을까요? 왜냐하면 제가 먼저 좀 주문을 해야 해서요.

C 저기, 죄송한데 먼저 좀 주문을 할 수 있을까요? 지금 주
문을 하지 않으면 제가 수업에 늦을 것 같아서요.

추천을 드리자면 일단 A는 탈락입니다. B 또는 C가 낫습니다.
A는 그냥 죄송하다고 하면서 부탁만 하는 것이므로 효과가 떨어져
보입니다. 그럼 B와 C가 남습니다. 이미 눈치를 채신 분도 계시겠
지만 C는 '죽음 방지 메시지 효과'를 활용한 예입니다. 무엇인가 부
탁할 때 부탁을 들어주면 좋아질 상황보다 부탁을 들어주지 않으
면 나빠질 상황을 얘기하는 것이죠. 그렇게 하면 상대방이 부탁을
들어줄 확률이 더 증가한다는 이론입니다. 그럼 이제 B가 남습니
다. 근데 B의 사유가 좀 허무맹랑하죠? 이러한 부탁을 받는 사람
입장에서는 '아니, 이게 무슨 X소리야?'라는 생각이 들 것도 같습
니다.

하지만 심리학에는 **'플라세보 정보'라는 용어가 있습니다. 다
소 터무니없는 이유라 할지라도 뭐든 이유를 대는 것이 의외로 효과
적일 수 있다는 말입니다.** 하버드 대학교 심리학과 교수 엘렌 랭거
Ellen Langer 는 한 가지 재미있는 실험을 합니다. 복사기 앞에 줄을 서
있는 사람들에게 낯선 사람이 다가가 양보를 부탁하는 것입니다.
이때 부탁하는 방법을 조금씩 달리해서 세 가지의 경우로 진행했
습니다.

1) 저, 죄송한데 먼저 좀 복사할 수 있을까요?

2) 저, 죄송한데 먼저 복사 좀 해도 될까요? 왜냐하면 지금 복사를 좀 해야 해서요.

3) 저, 죄송한데 먼저 복사 좀 할 수 있을까요? 5분 뒤에 차가 떠나는데 지금 복사를 하지 않으면 놓칠 수도 있을 것 같아서요.

1)번의 경우는 60%의 사람들이 먼저 복사해도 좋다고 승낙했습니다. 3)번의 경우에는 94%의 사람들이 승낙했다고 하는군요. 무척 높은 수치죠? 부탁하는 이유가 참으로 구구절절한 '죽음 방지 메시지 효과'를 활용한 예입니다. 그런데 놀라운 결과가 있었습니다. 2)번의 경우에도 93%의 사람들이 양보를 했다고 합니다. 2)번의 이유는 사실 별것 아니잖아요. 복사를 먼저 해야 하는 이유가 명확하지 않습니다. 그런데도 대부분의 사람들이 그런 황당한 부탁을 들어준 셈입니다.

엘런 랭거는 그 이유를 우리의 뇌가 작동하는 방식에서 찾습니다. 뇌는 '왜냐하면 ~ 이기 때문에'라는 형식을 갖추면 일단 논리적으로 '그럴싸하다'라는 판단을 내린다는 것입니다. 즉, 내용은 둘째 치고 형식만 갖추면 내용과 무관하게 '어느 정도 논리적이다'라고 뇌가 인정해 준다는 것이죠. 좋은 방법이라는 생각이 듭니다. 뭔가 부탁할 때 상대방이 혹할 만한 그럴듯한 이유가 매번 딱딱 떠오르진 않죠. 그런 경우에 그냥 부탁만 하는 것보다는 이렇게 뭐라도 이유를 덧붙이는 쪽이 더 낫다는 말입니다.

일상생활 속에서 누군가에게 부탁할 일이 있으면 이런 식으로 한 번 부탁해 봅시다. "저기, 죄송한데 제가 대신 자리에 좀 앉아도 괜찮을까요? 왜냐하면 제가 다리가 좀 아파서요." "저기, 죄송한데 제가 먼저 좀 택시에 타도 괜찮을까요? 왜냐하면 제가 먼저 좀 타야 하는 상황이거든요." "저기, 죄송한데 이 책을 제가 좀 빌릴 수 있을까요? 왜냐하면 제가 이 책을 좀 빌려야 해서요."

부탁을 하는 이유는 매우 시시합니다. 냉정하게 말하면 정말 이유 같지도 않은 이유라고 하겠죠. 이런 이유를 말하는 것 자체가 꺼려지기도 할 것 같습니다. 나 스스로도 납득이 잘 안 되는 이유를 말한다는 것 자체가 쉽지 않겠죠. 하지만 꼭 필요한 상황이라면 이유 같지 않은 이유라도 대는 것이 좋습니다. 그래서 상대방이 부탁을 들어주면 좋고 안 되면 뭐 어쩔 수 없죠. 밑져야 본전인 걸요, 뭘.

저는 밑져야 본전이라는 말을 참 좋아합니다. 일단 들이대 보는 겁니다. 아무리 유용한 심리학 이론을 많이 알고 있으면 뭐 합니까? 써먹을 용기가 없다면 무용지물(無用之物)입니다. 이유 같지도 않은 이유를 갖다 대 볼 수 있는 자신감과 용기가 더 중요할지도 모르겠습니다.

물론 이런 심리 이론을 활용한 부탁은 가벼운 부탁이어야 하겠습니다. 회사에서 중요한 의사 결정을 논의하는 자리에서는 주장에 대한 명확한 근거를 제시해야 하겠죠. 그렇지 않고 막 들이대면 곤란합니다. 상황과 목적에 맞게 죽음 방지 메시지와 플라세보 정보를 적절히 활용하는 지혜롭고 용기 있는 당신을 기대합니다.

투사
Projection

상대방이 마음에서 흘린 힌트를 보는 법 

명절 연휴를 며칠 앞둔 어느 점심시간이었어요. 구내식당에서 밥을 타는데, 영양사가 제게 말했습니다. "추석 잘 보내세요." 저는 생각했죠. '어라, 추석은 삼일 남았는데?' 바로 이어서 그분이 말했습니다. "제가 내일부터 연휴까지 쭉 쉬거든요." 자신의 입장에서는 그날이 추석 연휴 전 마지막 근무일이었던 것이죠. 그러니까 추석 연휴에 대한 기대감과 설렘을 남보다 먼저 느끼고 있었겠고요.

금요일에 퇴근하며 주말을 재미있게 잘 보내라고 인사하는 사람들은 어떤 마음일까요? 역시 마찬가지입니다. '주말 재미있게 잘 보내!'라고 인사하는 사람은 자기 자신에게 '이번 주말을 재미있게 잘 보내자.'라고 말하는 것과 다름없습니다. 그래서 이런 인사를 건네는 사람은 아마도 신나는 주말 계획이 있을 확률이 높습니다. 그럴 때는 이러한 상대방의 마음을 알아보고 주말에 즐거운 계획이 있는지 물어봐 주면 좋겠죠.

> 장 팀장 : 먼저 퇴근할게. 주말 재미있게들 보내~
> 김 주임 : 네, 주말 잘 보내세요. 무슨 좋은 계획이라도 있으세요?
> 장 팀장 : 아, 응. 이번 주말에 남편이랑 애들하고 가평 펜션에
>   놀러 가기로 했어.

장 팀장님은 신나는 주말 계획을 물어봐 준 동료 덕분에 더 신이 날지도 모르는 일입니다. 또 그것을 물어봐 준 김 주임에게 고마움과 호감을 느끼겠죠. 그에게 왜 호감을 느끼게 되는지 모르면서 말입니다.

이처럼 주말 잘 보내라는 말은 상대방에게 주말을 잘 보내라는 의미도 있겠지만 실은 '내가 주말을 잘 보내겠다.'라는 의미가 더욱 강합니다. 실제로는 내 감정이지만 내 감정이 아닌 듯 상대방의 감정으로 풀어내는 행동을 투사라고 합니다.

이러한 투사가 일상에서는 어떻게 일어나고 있는지 살펴볼까요? 우리 회사 구매 팀에 근무하던 과장님이 한 분 계셨습니다. 구매 팀에서 꽤 오랫동안 근무하시다가 영업 팀으로 발령이 났고 동시에 저는 영업 팀에서 구매 팀으로 발령이 났고요. 서로 부서를 맞바꾼 것과 같은 상황이었죠. 그러던 어느 날이었습니다. 그 과장님이 구매 팀 사무실로 잠깐 놀러 왔어요. 제 자리로 다가와서 서

로 간단히 인사를 나눴습니다. 그러고는 제게 한마디 덧붙이시더 군요.

"어머, 최 과장님. 안녕하세요. 하루 종일 자리에 앉아 모니터를 보려니까 눈이 많이 아프시겠어요." 그래서 제가 "아, 네… 하하" 하고 웃어넘겼던 적이 있습니다. 그러면서 속으로 생각했죠. '응? 내가 눈이 아팠었나? 난 괜찮은 것 같은데.' 나중에 생각해 보니 그건 그분이 자신의 감정을 제게 투사했던 것이 아닌가 싶었습니다. 그러자 왜 굳이 그런 얘기를 했는지도 이해하게 되었고요. 짧은 한마디였지만 그 속에서 말하는 사람의 평소 생각을 엿볼 수 있었습니다. '아, 그 과장님은 구매 팀에서 근무하실 때 하루 종일 모니터를 응시하느라 눈이 많이 피로했었나 보다.'

이 글을 읽는 여러분도 참고하시면 좋을 것 같습니다. 우리가 누구와 대화할 때 '응? 내게 왜 이런 말을 하지? 내가 왜 그런 생각을 할 거라 생각하지?' 하며 의아한 경우가 종종 있잖아요. 그럴 때는 그냥 '아, 이분이 자기 마음이 그렇다는 걸 대놓고 얘기 못하니까 투사를 사용하고 있구나.' 하고 짐작하면 됩니다. 그러면 그 사람의 얘기를 별로 대수롭지 않게 넘길 수 있죠. 그렇게 말하는 사람을 보면서 '아, 사실은 당신이 그런 마음을 갖고 계시군요.' 하며 그 사람의 생각도 읽을 수 있습니다.

이처럼 사람들이 자신도 모르게 투사라는 심리를 무의식적으로 활용하고 있다는 사실을 이해하고 있으면 상대방의 생각도 자연스레 짐작할 수 있습니다. 물론 100% 모두 맞다고는 단언할 수 없겠죠. 하지만 속으로는 이런 마음이 있을 수도 있겠구나 하며 참고할 수 있는 좋은 기회를 갖게 됩니다.

언젠가 한 번 회사에서 티 미팅을 가졌습니다. 부장님이 저를 포함해 팀원들을 모아 놓고 이런 말씀을 하셨습니다. "아쉽지만 현 차장이 다른 팀으로 곧 발령이 날 예정입니다. 정식 발령이 나기 전에 여러분들께 미리 공유하는 겁니다." 이 말을 들은 모든 팀원은 '아, 그렇구나.' 하는 표정으로 그냥 고개만 끄덕이고 있었죠.

그런데 여기서 부장님은 한마디를 더 이어 붙이셨습니다. "박 과장, 혹시 속으로 좋아하고 있는 거 아냐? 아, 역시 싫은 사람이 있어도 버티면 되는구나. 결국은 싫은 사람이 딴 데로 가는 좋은 날이 오는구나 하면서 말이야. 허허허" 이 말을 들은 박 과장님도 저를 포함한 다른 팀원들도 '하하하' 하며 멋쩍게 웃었습니다. 순간 저는 이런 생각을 했습니다. '아, 우리 부장님도 지금 누군가 싫은 사람이 있나 보구나. 더 좋은 상황을 기대하며 버티고 계시나 보네.' 하고 말이죠.

부장님이 그런 생각을 한다고 하니까 흥미로웠습니다. 평소에는 좀처럼 자기 속마음을 잘 드러내지 않는 분이셨기 때문이죠. 남들은 보지 못하는 것을 저는 봤다고 생각하니 재미있었습니다. 오히려 저는 그런 부장님이 더 인간적으로 느껴졌습니다. 물론 부장님은 투사를 한 것이 아니라 단순히 재미있게 말씀하시려고 했을 수도 있겠죠. 별다른 의도 없이 그냥 하신 말씀일 수도 있습니다.

어쨌든 남의 감정인 것처럼 얘기하는 사람이 정작 본인의 감정을 드러낸 것일 수도 있다고 생각하니 재미있고 유용한 정보라 판단했습니다. 실제로 그 부장님은 자신과 잘 맞지 않는 상사를 두고 있었습니다. 아마도 본인이 '싫은 사람이 있어도 버티면 언젠가는 좋은 날이 오겠지.'라고 생각했을 것 같습니다. 어때요, 흥미롭지 않나요?

사람들은 자신도 모르게 자기 마음을 흘리곤 합니다. 실제로는 내 감정이지만 마치 다른 사람의 감정인 양 '쓱' 얘기합니다. 투사라는 방어 기제를 이해한 우리는 이제 그 순간을 놓치지 않을 수 있습니다. '아, 이분이 이런 생각을 하고 있을 수도 있겠다.'라며 상대방을 더욱 넓은 범위에서 한층 깊게 이해해 볼 수도 있습니다. 이런 면에서 상대방의 마음을 순간적으로 훔쳐보는 '마음의 스캐너'가 될 수도 있겠네요. 상대방을 더욱 잘 이해하는 팁으로 활용해 보시기 바랍니다.

이케아 효과
IKEA effect

단순히 결과물이 아닌
과정에 참여하며 더욱 애정을 느껴요.

　　책을 한 권 쓰며 책을 대할 때의 마음가짐이 약간 바뀌었습니다. 그전엔 책은 그저 책일 뿐이었습니다. 책은 '읽어야 할 대상'이었죠. 변변치 않지만 저도 책을 한 권 출간했습니다. 그 이후로는 책을 대할 때 '이 책 한 권을 쓰기 위해 얼마나 많은 시간과 노력을 쏟아부었을까?'라고 생각하게 되었습니다. 책을 써 보니 책 한 권이 나오기까지 수많은 과정이 존재한다는 사실을 깨달았기 때문입니다.

　　책의 콘셉트 정하기에서부터 목차와 분량 정하기, 원고 초안 작성 및 퇴고, 자료 수집, 출판사와의 의견 조율, 계약 조건 협의, 편집 작업, 홍보와 마케팅 등 여러 가지 절차가 있다는 것을 알게 되었습니다. 책을 써 보지 않았다면 알기 어려운 내용들이었죠. 그 이후 책 한 권 한 권을 더욱 소중히 대하게 되었습니다. '이 세상에 좋지 않은 책은 있어도 노력이 들어가지 않은 책은 없다'라는 생각을 하게 되었습니다.

심리학에는 이케아 효과라는 것이 있습니다. 조립을 통해 물건을 완성하고 나면 기성품을 샀을 때보다 더 큰 뿌듯함과 만족감을 느끼는 현상을 말합니다. 이케아는 책상, 침대, 의자와 같은 가정용 가구를 판매하는 스웨덴 회사입니다. 많은 분이 아시다시피 특이한 점은 완성품이 아니라 조립식 가구를 판다는 사실이죠.

저는 만들기 귀찮아서 조립품을 별로 안 좋아합니다. 조금 더 비싸더라도 주로 완제품을 구매하는 편입니다. 하지만 제 주위에는 조립 자체를 즐기는 사람들이 꽤 많습니다. 그분들은 주말에 이케아에 가서 제품을 사 와 집에서 조립한 후 사용하곤 합니다. 바로 DIY^{Do it yourself} 방식입니다.

언젠가 한 번은 저도 큰마음을 먹고 서재 책장을 조립품으로 사 왔습니다. 설명서를 보고 나사를 조이고 부품을 찾아 홈에 알맞게 끼우는 과정을 직접 했습니다. 아니나 다를까 후회가 밀려왔습니다. '왜 내가 사서 이 고생을 할까? 그냥 완제품을 살 걸.' 하고요. 어쨌든 꾸역꾸역 만들었습니다. 막상 완성하고 나니 뿌듯했습니다. 낑낑대면서 만든 이 책장이 정말 내 것 같은 느낌이 들었습니다. 뭔지 모를 애정과 애착이 느껴지더군요. 완제품이었다면 느끼지 못할 감정이었죠.

다른 물건들은 제가 쉽게 내다 버리는 편인데 그 책장은 지금까지도 8년 넘게 쓰고 있습니다. 이처럼 이케아 효과는 자신의 노력과 정성이 들어가 완성된 제품에 대해 남다른 보람과 애착을 갖는 현상이라고 정리할 수 있겠습니다.

그러다 문득 이런 생각이 들었습니다. 이러한 애착 효과, 즉 이케아 효과를 우리 생활에서도 많은 부분에 활용해 볼 수 있을 것 같다고 말이죠. 아이들은 보통 야채를 잘 먹지 않잖아요. 그렇다면 야채를 직접 재배할 수 있는 주말농장에 한번 데려가 보는 겁니다. 그곳에서 직접 채소를 키워 볼 수 있는 기회를 줘 보세요.

먹을 수 있을 만큼 채소가 자라면 이번에는 그 채소들을 가지고 간단한 샐러드 요리를 스스로 만들어 볼 기회를 주는 겁니다. 이케아 효과에 따르면 아무래도 그전과는 달리 자신이 직접 재배한 야채로 만든 샐러드 요리에 남다른 애착을 보일 수밖에 없겠죠. 자신이 만든 요리인데 당연히 더 큰 흥미와 관심을 보일 겁니다.

BTS(방탄소년단)는 다 알고 계시죠? 미국 빌보드 차트^{Billboard chart}를 석권한 세계적인 한국 아이돌 그룹입니다. 사람들은 그들의 성공 비결에 대해 많이 얘기합니다. 전 세계적으로 유행하는 음악에 대한 빠른 적용, 멤버들에게 부여한 높은 수준의 활동 자율성, 10대들의 이야기를 솔직하게 풀어낸 진실성과 공감성 등 많은 것들을 성공 요인으로 꼽습니다. 저는 그중에서도 '과정 노출 전략'에 주목합니다.

그들은 팬들 앞에 '짠' 하고 나타나기 전부터 그들의 데뷔 과정,

연습 모습들을 공개해 왔습니다. 그들은 팬들에게 완성 단계에서 '짜잔~' 하고 공개하지 않았습니다. 데뷔하기 전부터 안무와 노래를 연습하는 모습, 밥을 먹는 모습, 장난치는 모습, 게임하는 모습, 쉬는 모습 등 일상생활들을 여과 없이 SNS에 담아 왔습니다. 즉, 대중이 그들의 데뷔 과정을 처음부터 끝까지 지켜보도록 했던 것입니다.

이 과정을 지켜본 사람들 중 일부가 팬이 되기 시작하고 그들이 데뷔했을 때는 남다른 애정을 품게 됩니다. 아이들이 자기가 키운 야채를 보며 그 야채에 대한 남다른 애착을 갖는 것처럼 BTS의 데뷔 과정을 지켜봐 온 팬들은 BTS에게 남다른 애정을 가질 수밖에 없었죠. 어느 날 갑자기 혜성처럼 등장한 아이돌 그룹에게는 가질 수 없었던 친밀감을 느끼는 겁니다. 내가 키운 아이돌이라는 뿌듯함도 느낄 수 있겠죠.

혹시 가족에게, 직장 상사에게 또는 대중에게 보여 줄 무언가를 준비하고 있나요? 그것은 맛있는 요리일 수도, 깜짝 선물일 수도, 직장에서의 멋진 프로젝트 완성품일 수도, 자신만의 생각을 담은 에세이일 수도 있습니다. 최종적으로 완성된 멋진 결과물을 '짠' 하고 보여 주는 순간, 사람들이 놀라 기뻐하는 순간을 상상하는 것만으로도 무척 설레는 일입니다.

하지만 그러한 결과물을 만들기까지 당신이 고민하고 노력하고 시행착오를 겪는 모습을 보여 주는 것도 사람들의 애정을 얻는 좋은 방법이 될 수 있습니다. 사람들이 당신의 준비 과정을 지켜보며 남다른 관심과 흥미를 가지게끔 유도할 수 있는 전략입니다.

당신이 지금 무언가를 준비하고 있다면 너무 완벽해질 때까지 꼭꼭 숨기지만은 마세요. 오히려 조금 편안한 마음으로 그 과정을 조금씩 공개해 보세요. 사람들에게 피드백도 받고 조언도 구하는 과정에서 당신은 이미 수많은 팬을 확보한 셈입니다. 지금 저도 이 글이 나중에 완벽한 책으로 나오기 전에 여러분에게 다가가고 싶어서 온라인이나 SNS에 부분 부분 올리고 있습니다. 제 글에 친근감과 애정을 미리 가져 달라고 말이죠. 잘 부탁드립니다!

프랭클린 효과
Benjamin Franklin effect

그 사람의 마음을 얻고 싶다면
그에게 부탁을 하세요.

당신이 잘 보이고 싶은 사람이 있습니다. 당신은 그 사람의 마음을 꼭 얻고 싶습니다. 상대방의 마음에 들기 위해 어떤 방법을 사용하나요? 아마 그에게 뭐라도 해 주고 싶은 심정일 것입니다. 그가 짐을 들고 가는 모습을 보면 달려가서 대신 들어 주고 싶고, 좋아하는 커피 종류를 알아내 슬쩍 그의 책상 위에 가져다 놓고도 싶겠죠. 그가 좋아하는 야구팀을 알아낸 다음 점심시간에 은근슬쩍 그 팀의 최근 성적에 대해 이야기를 꺼내고도 싶을 것입니다.

더 나아가 그를 위해 이번 주말 당직 근무를 대신 서 줄까도 생각 중입니다. 그 사람이 내게 어떤 부탁을 한다면 들어주고 싶은 마음입니다. 이렇게 해서라도 조금이나마 그 사람이 나를 마음에 들어 한다면 정말 좋을 것 같습니다. 이는 잘 보이고 싶은 상사, 이성, 동료, 친구 등 매우 다양한 상황에서 발생할 수 있는 우리의 마음입니다.

그런데 혹시 아세요? 그 사람의 마음에 들고 싶으면 부탁을 들어주는 것보다 오히려 그 사람에게 부탁을 해야 더 효과적이라는 사실을요. 지금부터 '프랭클린 효과'를 소개해 볼까 합니다.

프랭클린은 원래 미국의 정치가입니다. 그가 정치인으로서 마음을 사야 했던 어떤 동료 정치인이 있었습니다. 그가 속한 정당의 법률을 통과시키기 위해서는 다른 정당의 합의가 필요했기 때문이었죠. 하지만 다른 정당의 그 동료 정치가가 법률안 통과에 반대했습니다. 그는 프랭클린에게 적대적인 마음을 품고 있었거든요.

프랭클린은 그 동료의 마음을 얻기 위한 방법을 고민합니다. 그러던 어느 날 이런 내용의 편지를 보내기로 마음먹습니다. '혹시 당신이 가지고 있는 책을 제게 좀 빌려줄 수 있을까요? 그 책이 아주 귀하고 희귀한 책이라고 들었습니다.'

이 편지를 받은 그 동료는 놀랍게도 즉시 책을 보내 주었습니다. 그리고 두 사람은 정치 활동을 하는 과정에서 다시 만납니다. 이후 책이 계기가 되어 지속적으로 친밀한 관계를 이어 나갑니다. 결국 세상에서 둘도 없는 친구가 되었다고 합니다.

이 프랭클린의 효과는 무슨 원리일까요? 사람의 뇌와 관련되어 있다고 보시면 될 듯합니다. 우리의 뇌는 종종 원인과 결과를 혼동합니다. 프랭클린에게 책을 빌려주었던 그 동료의 입장에서 생각해 봅시다. 그 정치인은 프랭클린으로부터 책을 빌려 달라는 부탁을 받습니다. 평소 싫어하던 사람이 하는 부탁이라 거절할까도 생각해 봅니다. 하지만 빌려주는 것이 뭐 대수라고 결국 책을 빌려주기로 합니다. 더욱이 자신이 희귀한 책을 갖고 있다는 사실을 인정받았다는 긍정적인 느낌도 나쁘지 않습니다. 그런 이유들로 인해 어쨌거나 결국 책을 빌려줍니다. 호의를 베푼 셈이죠.

이제 그의 뇌는 이런 생각을 합니다. '내가 프랭클린의 부탁을 들어준 것을 보니 실은 나도 프랭클린이 그렇게 싫지 않았나 보군.' 뇌가 행동과 원인을 혼동한 것입니다. 사실은 별다른 이유 없이 책을 빌려준 것인데요. 책을 빌려준 이유가 호감이 있었기 때문이라고 뇌가 판단한 것입니다. 뇌는 어찌 보면 일을 많이 안 하려고 '대충' 하는 느낌입니다. 이러한 과정을 다음과 같이 정리해 볼 수 있습니다.

A 내가 이 사람의 부탁을 들어줬네. →

B 내가 이 사람에게 호의를 베풀었으니 이 사람은 이제 날 좋아하겠네. →

C 나를 좋아하는 사람은 나도 좋지.

사실 뇌의 이러한 행동과 원인을 혼동하는 특성을 토대로 하는 심리학 개념들은 상당히 많습니다. 귀인 이론^{Attribution theory}, 초두 효과

^{Primacy effect}, 최신 효과^{Recency effect}, 후광 효과^{Hallo effect} 등은 모두 뇌가 부지런히 일한다면 이 세상에 나올 수 없었던 심리학 이론들이죠.

많은 심리학자들 역시 우리의 뇌가 게으르다고 입을 모아 얘기합니다. 눈앞에서 발생하는 현상에 대해 원인을 재빨리 짜 맞추려고 한다는 것이죠. 뇌는 그렇게 해야 일단 궁금증을 풀 수 있고, 궁금증이 풀려야 답답한 마음에서 벗어날 수 있기 때문입니다. 프랭클린은 아마도 뇌의 이러한 게으른 원리를 이용해서 상대방의 마음을 얻었던 것이 아닐까요? 그가 이렇게까지 인간의 마음을 깊게 이해하고 그런 고도의 전술을 펼쳤는지는 저도 잘 모르겠습니다.

어쨌든 중요한 것은 당신이 부탁을 해서 그 사람이 부탁을 들어주면 그는 당신에게 호감을 가질 가능성이 높아질 수 있다는 사실입니다. 혹시 이와 유사한 경험이 없나요? 저만 해도 비슷한 경험들이 몇 번 있는 것 같습니다.

제게 도움을 준 사람에게 당연히 저는 고마움과 호감을 느낍니다. 하지만 때론 반대의 경우도 있습니다. 제가 도움을 주고 제가 부탁을 들어주었던 사람에게 더 관심이 가고 호감을 가졌던 적도 있습니다. 제가 누군가에게 도움을 줄 때 저도 모르게 이런 생각이 들기도 하거든요. '내가 도움을 주었으니 이 사람은 나를 좋아하겠지.'

사람은 누구나 자신을 좋아하는 사람을 좋아하게 됩니다. 자신에게 좋은 감정을 가지고 있다고 믿는 사람에게 좋은 감정이 생길 수밖에 없죠. 상대방이 스토커가 아닌 이상 나를 좋아해 주는데 당연히 기분 좋잖아요. 이 경우의 순서는 다음과 같이 정리해 볼 수 있습니다.

A 내가 이 사람에게 호의를 베풀었네(실은 별 생각 없이
   해 준 것이지만). ➡

B 내가 이 사람에게 호의를 베푼 걸 보니 나도 이 사람을
   마냥 싫어만 하는 것은 아니었나 보네. ➡

C 내가 이 사람에게 호감이 있나 보네.

이것은 '프랭클린 효과'의 작동 원리를 다른 각도에서 제가 해석해 본 것입니다. 어쨌든 저는 프랭클린 효과를 알기 전에는 누가 제게 호의를 베풀면 먼저 사양부터 하기 바빴습니다. 제가 왠지 신세를 지는 것 같아 마음이 불편했기 때문이죠. 하지만 지금은 그냥 웬만하면 "감사합니다." "고맙습니다." 하고 호의를 받아들입니다. 프랭클린 효과에 따르면 제가 그 호의를 받아 주기만 하더라도 그 사람의 저에 대한 호감도가 상승할 것이라 믿기 때문입니다.

함께 근무하는 차장님과 오늘 퇴근 후 번개 저녁 식사를 했습니다. 식사를 마치고 차장님께서 선물이라며 호두과자 두 박스를 갑자기 사 주시려고 하더군요. 예전의 저였다면 괜찮다며 아예 안 받거나 받아도 한 박스만 받았을 것입니다. 하지만 프랭클린 효과를 알고 난 후 기쁘게 받았습니다. 그것도 두 박스 모두 말이죠. 그 이후 그 차장님이 저를 더 좋아할 것이라 믿습니다. 이제부터 뇌물

이 아니라면 누군가의 선물은 기쁘게 받기로 했습니다.

혹시 주위에 친하게 지내고 싶은 사람이 있나요? 그런 사람이 있다면 무작정 그 사람의 부탁을 들어주려고만 하지 말고 그 사람에게 부탁을 한번 해 보길 추천합니다. 물론 그 부탁은 상대방의 입장에서 큰 무리가 가지 않는 부탁이어야 하겠습니다.

매우 어려운 부탁이 아니라면 상대방은 의외로 쉽게 당신의 부탁을 들어줄 수도 있습니다. 그러면 그도 당신에게 호감이 있다고 착각할 수 있겠죠. 그 사람에게 부탁도 하고 그 사람의 마음도 얻는 최고의 일거양득(一擧兩得) 심리 전술이 따로 없네요. 오늘 당장 그에게 용기 있게 부탁하는 당신을 기대해 봅니다. 파이팅!

문간에 발 들여놓기
Foot-in-the-door technique

큰 부탁을 위해 **작은 부탁을 먼저 하세요.** 

앞서 살펴본 것처럼 일상에서 부탁은 우리와 뗄 수 없는 관계에 있죠. 부탁을 잘하는 것만으로도 우리 삶은 좀 더 풍요로워지고 효율적인 시간들로 채워질 수 있습니다. 학교 조 발표 과제에서 내가 자신 없는 발표 부분을 다른 학생에게 부탁해 볼 수도 있습니다. 회사에서 보고서 작성에 필요한 자료 수집을 유관 부서 담당자에게 부탁할 수도 있습니다. 또한 사랑하는 8살짜리 아들이 밤 9시에는 어김없이 침대로 갈 수 있도록 부탁해야 하는 경우도 생기죠. 이 모든 부탁이 제대로 성공하기만 한다면 나의 시간과 노력을 그만큼 절약할 수 있습니다.

하지만 부탁을 잘하기란 쉽지 않습니다. 부탁을 하는 나와 부탁을 들어주는 상대방 사이에서 미묘한 마음이 작용하기 때문입니다. 부탁하는 사람은 왠지 미안하고, 들어주는 사람은 왠지 거절하고 싶은 욕구를 느끼기도 합니다. 부탁을 잘할 수 있는 방법이 없을까요? 앞서 소개했던 이론들 외에 마지막으로 '**문간에 발 들여놓기 효과**'를 소개합니다. 쉽게 말하면 '큰 부탁을 하기 전에 작은 부탁을 먼저 하라'입니다.

약속이 있어 7호선 장승배기 역에 간 적이 있습니다. 5번 출구로 나오니 환한 미소를 띤 대학생으로 보이는 한 여성이 다가옵니다. 그것도 반갑게 손을 흔들면서 말이죠. 순간 생각했습니다. '뭐지? 나를 아는 분인가?' 그분이 다가와서 말합니다. "스티커 하나만 붙여 주시겠어요?" 알고 보니 바다 환경을 가장 많이 해친다고 생각하는 그림에 스티커를 붙이는 이벤트였습니다. 빨대, 폐유, 쓰레기 등의 항목이 있었습니다. 저는 빨대에 스티커를 붙였죠. 스티커 하나를 붙이는 건 어려운 일이 아니었으니까요.

자리를 떠나려 하는 순간 그분이 말했습니다. "아, 빨대에 스티커를 붙이셨군요. 혹시 특별한 이유가 있나요?" 제가 말했죠. "뭐, 특별한 이유가 있는 것은 아니고요…." 이벤트의 정체는 환경 보호를 위한 모금 활동이었습니다. 좋은 뜻인 것 같아 적은 금액이지만 결국 성금을 냈습니다. 자리를 뜨면서 생각했습니다. '정말 점진적으로 부탁을 잘하시는 분이다.'

만약 그분이 처음부터 "환경 보호를 위해 모금 활동에 참여해 주시겠어요?" 하며 접근했다면 저도 거부감이 들었을 것 같습니다. 하지만 스티커 한 장을 들고 부담 없이 다가온 만큼 저 역시 부담 없이 맞을 수 있었습니다.

다음은 심리학자 조너선 프리드만Jonathan Freedman과 스콧 프레이저Scott Fraser가 캘리포니아에서 실제로 시행한 실험입니다. 연구 방식은 간단했습니다. 가정집을 두 개 집단으로 나누고 동일한 부탁을 합니다. 부탁의 내용은 'Drive carefully(안전 운전하세요)'라고 쓰인 커다란 광고판을 앞마당에 설치해 달라는 것이었습니다. 좋은 문구이긴 하지만 누가 자기 집 앞마당에 큼지막한 광고판 설치를 달가워하겠어요. 처음 그룹에서는 부탁받은 사람의 22%만이 승낙했습니다.

이번엔 동일한 부탁을 또 다른 그룹에 합니다. 이 그룹은 이전 그룹과 다른 차이점을 지니고 있었습니다. 요 며칠 전 이미 비슷한 작은 부탁에 대해 응했던 집들이었습니다. 그 작은 부탁은 'Be a safe driver(안전 운전자가 되세요)'라고 적혀 있는 자그마한 스티커를 현관문에 붙이는 것이었죠. 자기 집 앞마당에 대형 광고판을 설치해 달라(큰 부탁)는 것에 비하면 깜직하고 귀여운 부탁입니다.

이 작은 부탁을 들어주었던 사람들에게 이번에는 큰 부탁, 즉 앞마당에 '광고판을 세워 줄 수 있겠느냐'라고 물어봅니다. 이때 큰 부탁을 들어준 사람들의 비율은 무려 52%였습니다. 작은 부탁 없이 바로 큰 부탁을 요청해서 승낙한 사람들의 비율이 22%인 점을 감안하면 두 배 이상의 수치였죠.

여기서 우리가 눈여겨 살펴볼 만한 시사점이 있습니다. 큰 부탁을 하기 전에 작은 부탁을 먼저 하라는 것입니다. 작은 부탁을 들어주었던 사람들은 왜 큰 부탁도 상대적으로 더 쉽게 잘 들어줄까요? 그것은 우리의 사고와 행동이 서로 영향을 주고받기 때문입니다.

'Be a safe driver' 스티커를 현관문에 부착하는 것 자체는 큰일이 아닙니다. 앞에서도 얘기했지만 애교로 봐 줄 만한 부탁이죠. 크기도 부담되지 않거니와 스티커 하나 붙이는 데는 0.5초도 안 걸립니다. 더욱이 내용도 안전 운전과 관련된 내용이라 나쁘지 않습니다. 평소에 안전 운전에 대한 강한 신념이 있어서 그러한 스티커를 붙인 것은 아닐 겁니다. 그냥 별것 아니라는 생각이 드니까 해 준 것입니다.

그런데 이후에 커다란 광고판을 자기 집 앞마당에 설치해 달라는 부탁을 받습니다. 고민에 빠집니다. '응? 근데 이건 너무 큰데. 우리 집 정원 미관상 좋지도 않을 것 같고. 그렇지만 안전 운전에 대한 광고판이잖아. 나는 안전 운전을 중요시하는 사람이지. 얼마 전에 안전 운전 스티커도 현관문에 붙였고 말이야. 그래, 안전 운전을 중요하게 생각하는 나로서는 마당에 광고판을 설치하는 게 맞는 것 같아.'

흥미롭지 않나요? 내가 한 '행동'이 내가 하는 '생각'을 결정하는 사례입니다. 이러한 현상을 설명하는 이론을 심리학에서는 자기 지각 이론Self-Perception theory이라고 합니다. 예를 들어 이제 막 달리기를 끝내고 숨 고르기를 하고 있는 여성에게 다가가서 한마디를 던집니다. "응? 왜 이렇게 얼굴이 빨개요? 혹시 나 좋아해요?" 그럼 그 여성은 '이게 무슨 멍멍이 소리?'라고 생각해 버릴 수도 있습니다. 하지만 한 번쯤은 '응? 근데 얼굴이 정말 붉어졌네. 내가 진짜 이 사람에게 마음이 있는 건가?' 하는 착각을 불러일으킬 수도 있죠.

앞서 얘기한 프랭클린 효과도 바로 이 자기 지각 이론을 따르는 것입니다. 이미 한 행동이나 내 상태에 맞춰 태도를 결정해 버리는 것이죠. '내가 그 사람의 부탁을 들어주었으니 그 사람이 싫지는 않은가 보군.' 하고 생각하듯이 말입니다.

'문간에 발 들여놓기' 기법도 그렇고 '프랭클린 효과'도 마찬가지입니다. 사소한 행동을 가지고 태도와 사고를 쉽게 판단해 버리는 뇌의 게으름 때문에 발생 가능한 일종의 '착각 심리 메커니즘'입니다. 우리는 상대방의 게으른 뇌를 활용하기만 하면 되는 것이고요.

사랑하는 연인끼리 여행을 갑니다. 이때 남자 친구가 곧잘 하는 얘기가 있죠. '손만 꼭 잡고 잘게.' 어쩌면 남자들은 '문간에 발 들여놓기' 기법을 이미 본능적으로 깨닫고 있는지도 모르겠습니다. 반대로 '그래, 손만 내주자.'라고 생각하는 여성분들이 계시다면 다시 한번 숙고해 보시기 바랍니다.

다이어트를 하는 제가 자신에게 하는 부탁이 있습니다. '이거 딱 한 입만 더 먹게 해 주면 안 될까? 이거 딱 하나만!' 다이어트를 성공적으로 이끌고 싶다면 반드시 그 부탁을 거절해야 합니다. 그

한 입의 부탁을 들어주는 순간, 한 입이 두 입이 되고 두 입이 세 입이 될 게 뻔하니까요. 그렇게 되면 다이어트는 다음 생(生)에서나 다시 도전해야 합니다.

이처럼 문간에 발 들여놓기는 실생활 속에서 많이 활용할 수 있는 이론입니다. 상대방의 마음을 얻기 위해 써먹을 수도 있고 내 마음을 다잡기 위해 써먹을 수도 있죠. 이루고 싶은 목표가 있나요? 이루고 싶은 꿈이 있나요? 그럼 일단 그 목표와 꿈에 발을 들여놓으세요. 어려워 보이지만 우선은 발을 들여놓으세요. 그 꿈과 목표가 당신이 발을 들여놓는 것을 허락하는 순간, 그 꿈과 목표의 더 깊숙한 곳으로 전진해 들어갈 수 있습니다.

만약 당신이 먼 길을 떠나고 싶다면 일단 가까운 길에 허락을 구하시고, 큰 꿈을 이루고 싶다면 작은 꿈들에 허락을 구하시기 바랍니다. 만약 큰 신뢰를 얻고 싶은 사람이 있다면 작은 신뢰부터 청하고, 큰 사랑을 얻고 싶은 사람이 있다면 작은 사랑부터 부탁해 보시기 바랍니다.

일단은 문간에 발을 들여놓으세요. 작은 부탁이 큰 부탁이 되고, 작은 걸음이 큰 걸음이 됩니다.

당신의 삶과 일에
행복과 도움 주는 이야기 '비즈토크북'

전략적 세일즈

전략적으로 세일즈하라.
세일즈맨과 비즈니스맨을 위한
마케팅 필독서!

저자는 모든 세일즈 상황에서 자신을 비교 우위에 서게 만드는 자아 이미지를 개발하고, 더 나은 판매 결과를 보장하는 고객의 감정 요인들과 문제 해결책에 집중하여 고객의 가장 중요한 관심사를 찾아내 상품이나 서비스로 그것을 충족시키는 것이 세일즈의 핵심 요소라고 말한다. 이 책을 통해 당신도 세일즈 전문가가 될 수 있다.

브라이언 트레이시 지음 | 홍성화 번역 | 541쪽 |
값 22,000원

더블 세일즈

내가 하는 사업을 왜 매출이 저조할까?
매출 부진에 고민하는 자영업자들이
꼭 알아야 할 세일즈 비법!

『더블 세일즈』는 치열한 무한 경쟁의 시장 상황에서 고객 발굴 방법을 몰라서 발을 동동 굴리고, 미미한 접객 노하우로 실수투성이인 자영업자가 당장 현장에서 실천할 수 있는 해결 방안을 찾도록 다양한 아이디어와 실마리를 제공한다.

조환성 지음 | 288쪽 | 값 14,000원

마이셀프(mp3 CD 포함)

행복과 성공의 밑거름이 되는
강력한 말 "나는 내가 좋다!"

브라이언 트레이시는 성공이란 자신이 원하는 것이 무엇이고 어떻게 하면 이룰 수 있는지를 끊임없이 묻는 데에서 찾을 수 있다고 말한다. 스스로 목표를 정한 후 많이 시도하고 절대 포기하지 않는다면 그 목표를 달성할 수 있고, 그렇게 계속해 가다 보면 결국 성공에 다가설 수 있다고 주장한다. 저자는 이 책에서 행복과 성공을 추구하는 모든 이에게 단순하지만 가장 중요한 삶의 핵심을 간결하게 제시하고 있다.

브라이언 트레이시 지음 | 조환성 번역 |
컬러 272쪽 | 값 15,000원

열망을 생각하다

현대 성공학의 변함없는 고전
13가지 성공 원칙으로 확립된
나폴레온 힐의 성공 철학

나폴레온 힐의 『성공의 법칙 The Law of Success』에 기초한 『Think&Grow Rich』는 1937년 출간된 후 오늘날까지도 그대로 적용할 수 있는 성공 철학을 담고 있는 성공학의 고전이다. 열망이야말로 책에 담긴 13가지 성공 원칙들을 통해서 당신에게 부를 안겨주는 매개체이며, 이 성공 원칙들과 기술들을 배우고 적용한다면 당신은 성취감을 얻고, 성공의 비밀을 정복할 수 있다. 그리고 인생에서 진정으로 바라는 것을 무엇이든 얻게 될 것이다.

나폴레온 .힐 지음 | 홍성화 번역 | 299쪽 |
값 13,000원

여행을 부탁해

여행사 혼자 차려 볼까?
여행사 창업부터 마케팅까지

『여행을 부탁해』는 지난 5년간 여행업에 관한 체계적 지식과 실무 및 실전 창업 과정을 다루는 내실 있는 여행사 창업 교육을 진행해 온 저자의 경험을 바탕으로 완성되었다. 이 책에는 여행사 창업과 운영을 위한 노하우, 갖가지 성공과 실패 사례, 여행사 마케팅 전략, 여행 상담 실전 화법 등이 담겨 있다. 특별 부록으로 여행 상품 개발 프로세스를 실감나게 보여 주는 산티아고 순례길 일기와 함께 권말 부록으로 구체적인 여행사 설립 절차를 싣고 있다.

조환성 지음 | 336쪽 | 값 16,000원

골프 필라테스

필라테스로 코어 근육을 단련하면
신체가 바뀌고, 스윙이 달라지고,
비거리가 늘어난다

이 책에 담긴 폼롤러, 짐볼, 세라밴드, 돔볼이라는 소도구를 활용한 57가지 스트레칭은 골프에서 어떤 효과를 나타내고, 어떻게 골프에 적합한 신체로 바뀌고, 스윙할 때 어떤 근육을 단련하면 도움이 되는지에 중점을 둔 동작들로 구성되어 있다. 건강과 즐거움의 원천이 되어야 할 운동이 고통으로 변질되는 일이 벌어지지 않도록 골프 필라테스로 이상적인 스윙이 가능한 몸 만들기부터 시작한다면 자연스레 비거리도 향상되는 놀라운 경험을 맛볼 수 있을 것이다.

이성민 지음 | 208쪽 | 값 15,000원

心·理·學
雜·學